JN441048

문법+회화+독해를 한 권에!

이은미 · 사토 요코 지음

명지대학교출판부

머리말

최근 한·일 관계의 변화와 함께 일본 사회와 문화 전반에 대한 관심이 크게 높아지고 있습니다. 이에 따라 일본어를 처음부터 체계적으로 배우고자 하는 학습자 역시 꾸준히 증가하고 있습니다. 이러한 흐름 속에서 일본어 학습의 출발 단계에서 필요한 기초를 보다 탄탄하고 안정적으로 다질 수 있는 교재의 필요성을 절감하며 『기초탄탄일본어』를 집필하게 되었습니다.

본 교재는 일본어를 처음 접하는 학습자를 대상으로, 초급 단계에서 반드시 익혀야 할 핵심 문형과 표현을 중심으로 구성하였습니다. 명사 문형부터 시작하여 동사의 기본적인 활용형인 ます형, て형, た형에 이르기까지 일본어 문법의 기초 골격을 단계적으로 학습할 수 있도록 설계하였습니다. 각 과에서는 자세한 문형 설명과 더불어, 실제 의사소통 상황에서 즉시 활용할 수 있는 자연스러운 예문과 대화문을 함께 제시하였습니다.

특히 기존의 많은 초급 일본어 교재가 대화문 중심으로 구성된 데 비해, 본 교재는 독해 지문을 함께 수록하여 학습자가 문장을 읽고 이해하는 능력까지 기를 수 있도록 하였습니다. 또한 각 문형마다 다양하고 풍부한 연습문제를 제시함으로써, 학습자가 배운 내용을 반복·확인하며 학습 성과를 점검할 수 있도록 하였습니다. 이러한 점은 본 교재의 중요한 특징이라 할 수 있습니다.

이 책은 혼자서 학습하는 자기주도 학습용 교재로도 활용할 수 있으며, 동시에 대학의 일본어 기초 문법 수업과 회화 수업에서 병행 사용한 교재로 설계되었습니다. 수업 현장에서의 활용도를 고려하여 설명의 흐름과 예문의 난이도를 세심하게 조정하였고, 학습자가 일본어의 구조를 보다 자연스럽게 이해할 수 있도록 하였습니다. 아울러 단어 학습에서는 동사의 경우 동사의 종류를 함께 표기하여, 이후 활용 학습으로의 연결이 보다 원활하게 이루어질 수 있도록 배려하였습니다.

일본어라는 새로운 언어의 세계로 첫걸음을 내딛는 모든 학습자들이 이 책을 통해 탄탄한 기초를 다지고, 다음 학습 단계로 자신 있게 나아갈 수 있기를 바랍니다. 나아가 일본어로 소통하는 즐거움 또한 충분히 느낄 수 있기를 기대합니다.

끝으로, 본 교재가 출판될 수 있도록 아낌없는 지원을 해 주신 명지대학교 출판부와 대화녹음에 협력해준 명지대학교 일본인 유학생인 이시이 코유키 씨, 사이토 치호 씨, 다케시타 토모나 씨, 미즈타니 신야 씨에게도 깊은 감사의 말씀을 전합니다.

저자 이은미, 사토 요코

목 차

C·O·N·T·E·N·T·S

일본어의
문자와 발음

문자

일본어의 문자는 크게 가나(히라가나, 가타카나)와 한자로 구성되어 있다.

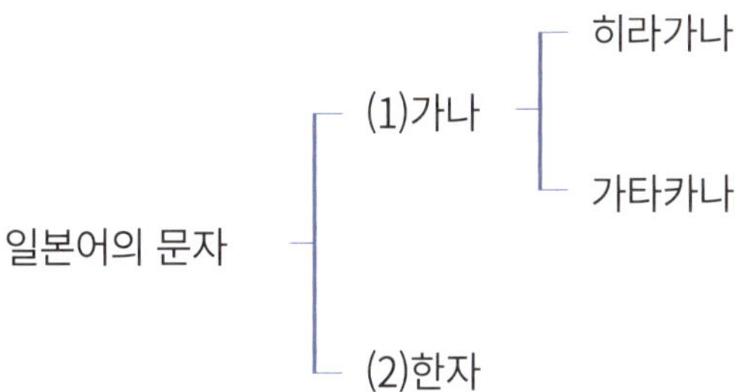

• 일상생활 예 **豚骨 ラーメン ください。** 돈코쓰 라멘 주세요.

1 가나(仮名 : かな)

'가나'는 표의문자(表意文字)인 한자를 모체로 하여 만들어진 일본어의 고유문자로 우리말과 같이 소리를 나타내는 표음문자(表音文字)이다. 가나는 자음과 모음이 결합된 음절문자로 자음과 모음을 분리할 수 없으며 현재 46개의 기본 문자가 사용되고 있다. '히라가나'와 '가타카나' 두 종류가 있는데, 문자 모양은 다르지만 발음은 동일하다.

히라가나(平仮名 : ひらがな)

한자의 초서체를 간략화하여 만들어진 문자로 일상적인 일본어를 표기할 때 기본적으로 사용되는 문자이다. '히라가나'의 '히라(平)'는 '쉽다'는 의미이다.

가타카나(片仮名 : かたかな)

한자의 일부분을 따서 만들어진 문자로 일반 단어를 강조하거나 외래어, 의성어나 의태어, 외국의 인명이나 지명 등을 표기할 때 사용되는 문자이다. '가타카나'의 '가타(片)'는 '조각, 일부분'이라는 의미이다.

오십음도(五十音図)

'오십음도'는 일본어의 문자인 '가나'를 모음을 기준으로 다섯 글자, 자음을 기준으로 열 글자를 나열한 도표를 가리킨다. 같은 모음을 공유하는 음절을 배열한 것을 단(段)이라고 하고, 같은 자음(유사한 자음)을 공유하는 음절을 배열한 것을 행(行)이라고 한다. 현재에는 사라진 발음도 있어 46개의 음가가 있지만, '오십음도'라는 호칭은 그대로 사용하고 있다.

히라가나 오십음도

	あ단[a]		い단[i]		う단[u]		え단[e]		お단[o]	
あ행 [-]	あ	a	い	i	う	u	え	e	お	o
か행 [k]	か	ka	き	ki	く	ku	け	ke	こ	ko
さ행 [s]	さ	sa	し	shi	す	su	せ	se	そ	so
た행 [t]	た	ta	ち	chi	つ	tsu	て	te	と	to
な행 [n]	な	na	に	ni	ぬ	nu	ね	ne	の	no
は행 [h]	は	ha	ひ	hi	ふ	fu	へ	he	ほ	ho
ま행 [m]	ま	ma	み	mi	む	mu	め	me	も	mo
や행 [y]	や	ya			ゆ	yu			よ	yo
ら행 [r]	ら	ra	り	ri	る	ru	れ	re	ろ	ro
わ행 [w]	わ	wa							を	o
	ん	N								

가타카나 오십음도

	ア단[a]		イ단[i]		ウ단[u]		エ단[e]		オ단[o]	
ア행 [-]	ア	a	イ	i	ウ	u	エ	e	オ	o
カ행 [k]	カ	ka	キ	ki	ク	ku	ケ	ke	コ	ko
サ행 [s]	サ	sa	シ	shi	ス	su	セ	se	ソ	so
タ행 [t]	タ	ta	チ	chi	ツ	tsu	テ	te	ト	to
ナ행 [n]	ナ	na	ニ	ni	ヌ	nu	ネ	ne	ノ	no
ハ행 [h]	ハ	ha	ヒ	hi	フ	fu	ヘ	he	ホ	ho
マ행 [m]	マ	ma	ミ	mi	ム	mu	メ	me	モ	mo
ヤ행 [y]	ヤ	ya			ユ	yu			ヨ	yo
ラ행 [r]	ラ	ra	リ	ri	ル	ru	レ	re	ロ	ro
ワ행 [w]	ワ	wa							ヲ	o
	ン	N								

2 한자(漢字)

일본어의 한자는 음절 수가 적고 표음문자인 가나를 보완하는 매우 중요한 역할을 한다. 2,136자의 상용한자를 제정하여 일상생활 한자사용의 기준으로 삼고 있다. 일본어의 한자는 중국의 한자음을 기본으로 하여 읽는 법인 음독(音読み)과 일본의 고유어에 한자의 뜻을 대응시켜 읽는 법인 훈독(訓読み)의 두 가지 읽는 방법이 있다. 또한, 복잡한 획수를 간략화한 신자체(新字体)를 사용한다.

음독과 훈독

友 벗 우	음독: ゆう[yu:]	友情 [yu:jo:] 우정
	훈독: とも[tomo]	友 [tomo] 친구
前 앞 전	음독: ぜん[zeN]	午前 [gozeN] 오전
	훈독: まえ[mae]	学校の 前 [gakko: no mae] 학교 앞

신자체

	한국 한자	일본 한자
한국	韓國	韓国
학교	學校	学校
체육	體育	体育

발음

일본어의 발음은 크게 청음(清音), 탁음(濁音), 반탁음(半濁音), 요음(拗音), 촉음(促音), 발음(撥音), 장음(長音)으로 구분된다. 일본어의 가나는 기본적으로 한 박(拍)의 길이를 가진다. 요음, 발음, 촉음, 장음도 한 박의 길이로 발음한다.

1 청음

청음은 일본어의 음절 중 무성자음을 가진 음절을 가리킨다.

あ행

あ[a]	い[i]	う[u]	え[e]	お[o]
あい[ai] 사랑	いう[iu] 말하다	うえ[ue] 위	いえ[ie] 집	あお[ao] 파랑
ア[a]	イ[i]	ウ[u]	エ[e]	オ[o]
アイス[aisu] 아이스, 얼음	イタリア[itaria] 이탈리아	ソウル[souru] 서울	エゴ[ego] 에고, 자기	オペラ[opera] 오페라

か행

か[ka]	き[ki]	く[ku]	け[ke]	こ[ko]
かお[kao] 얼굴	えき[eki] 역	くき[kuki] 줄기	いけ[ike] 연못	こえ[koe] 목소리
カ[ka]	キ[ki]	ク[ku]	ケ[ke]	コ[ko]
カラオケ[karaoke] 노래방	キムチ[kimuchi] 김치	クリーム[kuri:mu] 크림	ケーキ[ke:ki] 케이크	コアラ[koara] 코알라

さ행

さ [sa]	し [shi]	す [su]	せ [se]	そ [so]
さか[saka] 언덕	しお[shio] 소금	すし[sushi] 초밥	あせ[ase] 땀	うそ[uso] 거짓말
サ [sa]	シ [shi]	ス [su]	セ [se]	ソ [so]
サラダ[sarada] 샐러드	シネマ[shinema] 시네마	スイス[suisu] 스위스	セロリ[serori] 샐러리	ソフト[sofuto] 소프트

た행

た [ta]	ち [chi]	つ [tsu]	て [te]	と [to]
たこ[tako] 문어	ちえ[chie] 지혜	つち[tsuchi] 흙	てき[teki] 적	とし[toshi] 도시
タ [ta]	チ [chi]	ツ [tsu]	テ [te]	ト [to]
タイ[tai] 타이, 태국	チキン[chikiN] 치킨	ツナ[tsuna] 다랑어, 참치(통조림)	テスト[tesuto] 테스트	トマト[tomato] 토마토

な행

な [na]	に [ni]	ぬ [nu]	ね [ne]	の [no]
なし[nashi] 배	かに[kani] 게	いぬ[inu] 개	ねこ[neko] 고양이	きのこ[kinoko] 버섯
ナ [na]	ニ [ni]	ヌ [nu]	ネ [ne]	ノ [no]
バナナ[banana] 바나나	テニス[tenisu] 테니스	アイヌ[ainu] 아이누족	ネクタイ[nekutai] 넥타이	ピアノ[piano] 피아노

は행

は[ha]	ひ[hi]	ふ[fu]	へ[he]	ほ[ho]
はな [hana] 꽃	ひみつ [himitsu] 비밀	ひふ[hifu] 피부	へそ[heso] 배꼽	ほし[hoshi] 별
ハ[ha]	ヒ[hi]	フ[fu]	ヘ[he]	ホ[ho]
ハム[hamu] 햄	ヒマラヤ [himaraya] 히말라야	ナイフ[naifu] 나이프, 칼	ヘア[hea] 헤어, 머리카락	ホテル[hoteru] 호텔

ま행

ま[ma]	み[mi]	む[mu]	め[me]	も[mo]
うま[uma] 말	みそ[miso] 된장	むし[mushi] 벌레	あめ[ame] 비	もち[mochi] 떡
マ[ma]	ミ[mi]	ム[mu]	メ[me]	モ[mo]
マイク[maiku] 마이크	ミルク[miruku] 밀크	タイム[taimu] 타임	メモ[memo] 메모	モデル[moderu] 모델

や행

や[ya]		ゆ[yu]		よ[yo]
やさい[yasai] 야채		ゆき[yuki] 눈		よめ[yome] 며느리
ヤ[ya]		ユ[yu]		ヨ[yo]
ヤクルト[yakuruto] 야쿠르트		ユーモア[yu:moa] 유머		ヨガ[yoga] 요가

ら행

ら[ra]	り[ri]	る[ru]	れ[re]	ろ[ro]
そら[sora] 하늘	りす[risu] 다람쥐	くるま[kuruma] 자동차	れきし[rekishi] 역사	いろ[iro] 색
ラ[ra]	リ[ri]	ル[ru]	レ[re]	ロ[ro]
ラジオ[rajio] 라디오	リサイクル [risaikuru] 리사이클	カルビ[karubi] 갈비	レベル[reberu] 레벨, 수준	ゼロ[zero] 제로, 영

わ행 & ん

わ[wa]		を[o]		ん[N]
わたし[watashi] 나		(わたし)を [(watashi)o] (나)를		ほん[hoN] 책
ワ[wa]		ヲ[o]		ン[N]
ハワイ[hawai] 하와이				ワイン[waiN] 와인

2 탁음

일본어의 음절 중 유성자음(발음할 때 성대가 울리는 자음)을 가진 음절을 가리킨다.
탁음은 각 청음의 오른쪽 위에 「 ゛」(탁점 부호)를 붙여 표기한다.

が행

が[ga]	ぎ[gi]	ぐ[gu]	げ[ge]	ご[go]
がか[gaka] 화가	かぎ[kagi] 열쇠	かぐ[kagu] 가구	げた[geta] 나막신	ごみ[gomi] 쓰레기
ガ[ga]	ギ[gi]	グ[gu]	ゲ[ge]	ゴ[go]
ガラス[garasu] 유리	ギター[gita:] 기타	サングラス [saŋgurasu] 선글라스	ゲーム[ge:mu] 게임	ゴルフ[gorufu] 골프

ざ행

ざ[za]	じ[ji]	ず[zu]	ぜ[ze]	ぞ[zo]
ざる[zaru] 소쿠리	ひじ[hiji] 팔꿈치	ちず[chizu] 지도	かぜ[kaze] 바람	なぞ[nazo] 수수께끼
ザ[za]	ジ[ji]	ズ[zu]	ゼ[ze]	ゾ[zo]
ピザ[piza] 피자	ラジオ[rajio] 라디오	ズボン[zuboN] 바지	ゼロ[zero] 제로	アマゾン[amazoN] 아마존

だ행

だ[da]	ぢ[ji]	づ[zu]	で[de]	ど[do]
だに[dani] 진드기	はなぢ[hanaji] 코피	こづつみ [kozutsumi] 소포	でし[deshi] 제자	まど[mado] 창문
ダ[da]	ヂ[ji]	ヅ[zu]	デ[de]	ド[do]
ダンス[dansu] 댄스, 춤			デート[de:to] 데이트	ドル[doru] 달러

ば행

ば[ba]	び[bi]	ぶ[bu]	べ[be]	ぼ[bo]
ばか[baka] 바보	くび[kubi] 목	ぶた[buta] 돼지	かべ[kabe] 벽	ぼく[boku] 나
バ[ba]	ビ[bi]	ブ[bu]	ベ[be]	ボ[bo]
バス[basu] 버스	テレビ[terebi] 텔레비전	テーブル[te:buru] 테이블, 식탁	ベル[beru] 벨, 종	ボール[bo:ru] 볼, 공

3 반탁음

반탁음은 は행의 오른쪽 위에 「 °」(반탁음 부호)를 붙여 표기한다.

ぱ행

ぱ[pa]	ぴ[pi]	ぷ[pu]	ぺ[pe]	ぽ[po]
かんぱい[kampai] 건배	えんぴつ[empitsu] 연필	てんぷら[tempura] 튀김	ぺこぺこ [pekopeko] 머리를 자꾸 조아리는 모양	さんぽ[sampo] 산책
パ	ピ	プ	ペ	ポ
パン[paN] 빵	ピアノ[piano] 피아노	プリン[purin] 푸딩	ペン[pen] 펜	ポイント[pointo] 포인트, 요점

4 요음

50음도에서 「い」를 제외한 「い단」 즉 「き, ぎ, し, じ, ち, に, ひ, び, ぴ, み, り」의 오른쪽 아래에 「ゃ, ゅ, ょ」를 원래 글자 크기의 반 정도로 작게 써서 표기한다. 요음은 2글자가 결합되어 있지만 1음절, 한 박자의 길이로 발음한다.

きゃ [kya]	きゅ [kyu]	きょ [kyo]
ぎゃ [gya]	ぎゅ [gyu]	ぎょ [gyo]
しゃ [sha]	しゅ [shu]	しょ [sho]
じゃ [ja]	じゅ [ju]	じょ [jo]
ちゃ [cha]	ちゅ [chu]	ちょ [cho]
にゃ [nya]	にゅ [nyu]	にょ [nyo]
ひゃ [hya]	ひゅ [hyu]	ひょ [hyo]
びゃ [bya]	びゅ [byu]	びょ [byo]
ぴゃ [pya]	ぴゅ [pyu]	ぴょ [pyo]
みゃ [mya]	みゅ [myu]	みょ [myo]
りゃ [rya]	りゅ [ryu]	りょ [ryo]

キャ [kya]	キュ [kyu]	キョ [kyo]
ギャ [gya]	ギュ [gyu]	ギョ [gyo]
シャ [sha]	シュ [shu]	ショ [sho]
ジャ [ja]	ジュ [ju]	ジョ [jo]
チャ [cha]	チュ [chu]	チョ [cho]
ニャ [nya]	ニュ [nyu]	ニョ [nyo]
ヒャ [hya]	ヒュ [hyu]	ヒョ [hyo]
ビャ [bya]	ビュ [byu]	ビョ [byo]
ピャ [pya]	ピュ [pyu]	ピョ [pyo]
ミャ [mya]	ミュ [myu]	ミョ [myo]
リャ [rya]	リュ [ryu]	リョ [ryo]

5 촉음

촉음은 「つ(ツ)」를 원래 크기의 반 정도로 작게 써서 「っ(ッ)」로 표기하며, 뒤에 오는 자음에 따라 [k,s,t,p] 등으로 발음이 달라진다. 단독으로 한 박자의 길이로 발음되므로 주의해야 한다.

❶ [k]발음: 「っ」+ か행

けっこん[kekkoN] 결혼　　ぶっか[bukka] 물가

❷ [s]발음: 「っ」+ さ/ざ행

きっさてん[kissateN] 찻집　　けっせき[kesseki] 결석　　ジャッジ [jasji] 심판관

❸ [t]발음: 「っ」+ た행

なっとう[natto:] 낫토　　きって[kitte] 우표

❹ [p]발음: 「っ」+ ぱ행

いっぱい[ippai] 가득　　きっぷ[kippu] 표

6 발음

발음은 「ん(ン)」로 표기하며, 뒤에 오는 자음에 따라 [m,n,ŋ,N] 등으로 발음이 달라진다. 촉음과 마찬가지로 단독으로 한 박자의 길이로 발음된다.

❶ [m]발음: 「ん」+ ま/ば/ぱ행

さんま[samma] 꽁치　　しんぶん [shimbuN] 신문　　さんぽ[sampo] 산책

❷ [n]발음: 「ん」+ さ/ざ/た/だ/な/ら행

せんせい[sense:] 선생님　　はんたい[hantai] 반대　　あんない[annai] 안내

かんり[kanri] 관리

❸ [ŋ]발음: 「ん」+ か/が행

けんか[keŋka] 싸움　　まんが[maŋga] 만화

❹ [N]발음: 「ん」+ 모음・반모음 또는 어말

ほんを[hoNo] 책을　　でんわ[deNwa] 전화 パン[paN] 빵

7 장음

장음은 같은 모음이 연속해서 나올 때 앞의 모음을 2음절로 길게 늘여 발음하는 것을 가리킨다. 모음의 수와 같이 「あ:,い:,う:,え:,お:」의 5가지 장음이 있다. 일본어는 모음이 장음인지 아닌지에 따라 의미가 달라지므로 특히 주의해야 한다. 외래어의 장음은 「ー」로 표기한다.

❶ [a:] : あ단 +あ

おかあさん[oka:saN] 어머니　おばあさん[oba:saN] 할머니　カード[ka:do] 카드

❷ [i:] : い단 +い

おじいさん[oji:saN] 할아버지　ちいさい[chi:sai] 작다　チーズ[chi:zu] 치즈

❸ [u:]: う단 +う

すうがく[su:gaku] 수학　くうこう[ku:ko:] 공항　クーラー[ku:ra:] 에어컨

❹ [e:]: え단 +え 또는 い

おねえさん[one:saN] 누님, 언니　えいご[e:go] 영어　ケーキ[ke:ki] 케이크

❺ [o:]: お단 +お 또는 う

おとうさん[oto:saN] 아버지　とお[to:] 숫자 '열(10)'　コーヒー[ko:hi:] 커피

PART 02

私はキム・セナです。

저는 김세나입니다.

point!

- ~は ~です(か)
- ~は ~ではありません
- ~は ~で、~は ~です
- 명사+の+명사

핵심문장

私(わたし)は大学生(だいがくせい)です。

나는 대학생입니다.

私は日本人(にほんじん)ではありません。

나는 일본인이 아닙니다.

ジョンソンさんはアメリカ人(じん)で、スミスさんはイギリス人(じん)です。

존슨 씨는 미국인이고, 스미스 씨는 영국인입니다.

田中(たなか)さんは佐藤(さとう)さんの彼氏(かれし)です。

다나카 씨는 사토 씨의 남자 친구입니다.

단어와 표현

私(わたし) 나, 저　～は[wa] ~은(는)　大学生(だいがくせい) 대학생　～です ~입니다　日本人(にほんじん) 일본인

～ではありません ~이/가 아닙니다　～さん ~씨　アメリカ人(じん) 미국인　～で ~(이)고, ~(으)로

イギリス人(じん) 영국인　～の ~의　彼氏(かれし) 남자 친구

핵심문형

1 ~は ~です(か)　~은(는) 입니다(입니까?)

「は[wa]」는 '~은(는)'이라는 뜻의 주제를 나타내는 조사이다. 「です」는 '입니다'라는 뜻으로 '이다'라는 뜻의 조동사 「だ」의 정중한 형태이다. 「か」는 문장 끝에 붙여서 의문을 나타내는 종조사이다.

- キムさんは学生(がくせい)です。 / 学生(がくせい)ですか。　김세나 씨는 학생입니다./학생입니까?
- 佐藤(さとう)さんは先生(せんせい)です。 / 先生(せんせい)ですか。　사토 씨는 선생님입니다./선생님입니까?
- スミスさんは医者(いしゃ)です。 / 医者(いしゃ)ですか。　스미스 씨는 의사입니다./의사입니까?

2 ~は ~ではありません　~은(는) ~이(가) 아닙니다

「~ではありません」은 「~です」의 부정형으로 '~이(가) 아닙니다'라는 뜻이다. 회화체에서는 「~じゃありません」이 많이 사용된다.

- キムさんは高校生(こうこうせい)ではありません。　김세나 씨는 고등학생이 아닙니다.
- 佐藤さんは会社員(かいしゃいん)ではありません。　사토 씨는 회사원이 아닙니다.
- スミスさんは歌手(かしゅ)ではありません。　스미스 씨는 가수가 아닙니다.

Tip

'~이(가) 아니다'는 「~ではない」이다.

- キムさんは高校生ではない。 김세나 씨는 고등학생이 아니다.

3 ～は ～で、～は ～です　~은(는) ~이고, ~은(는) ~입니다

「~ で」는 「だ」의 연결형으로 명사문을 연결할 때 사용한다. '~(이)고, ~(으)로'라는 뜻이다.

- キムさんは韓国人(かんこくじん)で、ワンさんは中国人(ちゅうごくじん)です。　김세나 씨는 한국인이고, 왕웨이 씨는 중국인입니다.
- ジョンソンさんは留学生(りゅうがくせい)で、アメリカ人(じん)です。　존슨 씨는 유학생이고, 미국인입니다.
- こちらは大谷(おおたに)さんで、野球選手(やきゅうせんしゅ)です。　이쪽은 오타니 씨로, 야구 선수입니다.

4 명사+の+명사　~의~

「~の」는 우리말의 '~의'에 대응하는 조사로, 명사와 명사를 연결할 때 사용한다. 뒤에 연결되는 명사와의 소유, 소속, 소재, 성질, 동격 등 다양한 관계를 나타낸다.

- 私(わたし)の専攻(せんこう)は日本語(にほんご)です。　제 전공은 일본어입니다.
- こちらは畳(たたみ)の部屋(へや)です。　이쪽은 다다미 방입니다.
- 田中(たなか)さんは経済学科(けいざいがっか)の学生(がくせい)です。　다나카 씨는 경제학과 학생입니다.

Tip

「～の」는 소유주 뒤에 붙어서 '~의 것'이라는 소유대명사의 용법도 있다.

- A: 机(つくえ)の上(うえ)の本(ほん)は誰(だれ)のですか。　책상 위의 책은 누구의 것입니까?
  B: 私のです。　제 것입니다.

단어와 표현

学生(がくせい) 학생　先生(せんせい) 선생님　医者(いしゃ) 의사　高校生(こうこうせい) 고등학생　会社員(かいしゃいん) 회사원　歌手(かしゅ) 가수　韓国人(かんこくじん) 한국인
中国人(ちゅうごくじん) 중국인　留学生(りゅうがくせい) 유학생　アメリカ人(じん) 미국인　野球選手(やきゅうせんしゅ) 야구선수　専攻(せんこう) 전공
日本語(にほんご) 일본어　こちら 이쪽　畳(たたみ) 다다미　部屋(へや) 방　経済学科(けいざいがっか) 경제학과　机(つくえ) 책상　上(うえ) 위　本(ほん) 책
誰(だれ) 누구

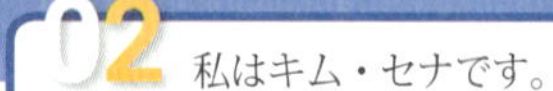

대화

오늘은 대학생이 되면 꼭 참가해 보고 싶었던 일본어 동아리 활동 첫날입니다. 교실에 들어가니 이미 몇몇 학생들이 와 있었습니다. 용기를 내어 일본어로 말을 걸어 보았습니다.

キム・セナ: こんにちは。

田中桜(たなかさくら): こんにちは。

キム・セナ: はじめまして。私(わたし)はキム・セナです。

田中桜: はじめまして。田中(たなか)です。

キム・セナ: え?

田中桜: あ、私は日本人留学生(にほんじんりゅうがくせい)です。

キム・セナ: ああ、そうですか。よろしくお願(ねが)いします。

田中桜: よろしくお願いします。えっと、キム・セナさんは1年生(いちねんせい)ですか。

キム・セナ: はい。日本語日本文学科(にほんごにほんぶんがっか)の1年生です。田中さんも1年生ですか。

田中桜: あ、私は1年生じゃありません。2年生です。

キム・セナ: 先輩(せんぱい)!どうぞよろしくお願(ねが)いします。

단어와 표현

こんにちは 안녕하세요?　はじめまして 처음 뵙겠습니다　そうですか 그렇습니까?
よろしくお願(ねが)いします 잘 부탁합니다　えっと 저, 음　1年生(いちねんせい) 1학년　日本語日本文学科(にほんごにほんぶんがっか) 일어일문학과
2年生(にねんせい) 2학년　先輩(せんぱい) 선배　どうぞ 아무쪼록, 부디

독해

キム・セナさんは韓国人です。韓国大学の学生で、日本語学科の１年生です。

パク・スンジェさんも韓国人で、韓国大学の学生です。日本語学科の１年生です。

田中桜さんは韓国人ではありません。韓国大学の日本人留学生で、韓国語学科の２年生です。

山本健さんは大学生ではありません。韓国大学の大学院生で、２年生です。専攻は経営学です。

단어와 표현

韓国大学 한국대학교　日本語学科 일본어학과　韓国語学科 한국어학과　大学生 대학생
大学院生 대학원생　専攻 전공　経営学 경영학

연습문제

Can-do 일본어로 자기소개를 할 수 있다.
일본어로 친구 소개를 할 수 있다.

1 자기소개를 듣고, □ 안에 ✓ 표시를 하세요.

① ②  ③

	①		②		③	
국적	□ 한국	□ 일본	□ 일본	□ 중국	□ 베트남	□ 중국
학과	□ 한국어	□ 일본어	□ 한국어	□ 중국어	□ 일본어	□ 경제학
이름	□ 이유미	□ 전혜미	□ 기무라아야	□ 기타노유미	□ 황 빙 밍	□ 하 노 이
학년	□ 1 □ 2	□ 3 □ 4	□ 1 □ 2	□ 3 □ 4	□ 1 □ 2	□ 3 □ 4

2 자기소개할 때 자주 쓰는 표현을 확인해 봅시다.

① 처음 뵙겠습니다. •	• こんばんは。
② 안녕하세요? (아침 인사) •	• こんにちは。
③ 안녕하세요? (낮 인사) •	• おはようございます。
④ 안녕하세요? (밤 인사) •	• はじめまして。
⑤ 잘 부탁합니다. •	• どうぞよろしくお願(ねが)いします。
⑥ 아무쪼록 잘 부탁합니다. •	• よろしくお願いします。

3 밑줄 친 부분을 바꾸어 말해 봅시다.

私は<u>キム・セナ</u>です。

김세나

① 
鈴木美紀

② 
【본인 이름】

③ 

일어일문학과

④ 
【본인 학과】

1. 中国語中国文学科 2. グローバル韓国語学科 3. 国語国文学科 4. 英語英文学科
5. 文芸創作学科 6. グローバル文化コンテンツ学科 7. 文献情報学科 8. 経済学科

<u>위에 본인의 학과가 없으면 조사해보세요!</u> ➡ [✍]

4 밑줄 친 부분을 바꾸어 말해 봅시다.

私は<u>日本語日本文学科</u>の<u>キム・セナ</u>です。

일어일문학과/김세나

① 한국어학과/鈴木美紀

② 한국대학교/2학년

③ 한국대학교, 본인 학과/본인 이름

5 아래와 같이 말해 봅시다.

6 다음 사람들에 대한 소개를 듣고, 표 안에 알게 된 내용을 써주세요.

①  ②  ③  ④ 

이름	박승재(パク・スンジェ)	다나카(田中)	김세나(キム・セナ)	야마모토(山本)
국적				
학교				
직업				
학과				
학년				

7 위에서 들은 소개를 다시 듣고 문장을 완성해주세요.

① パク・スンジェさんは韓国人＿＿＿＿＿＿、韓国大学の学生です。

② 田中さんは日本人留学生＿＿＿＿＿＿、2年生です。

③ キム・セナさんは韓国大学の学生＿＿＿＿＿＿、日本語学科の1年生です。

④ 山本さんは大学院の1年生＿＿＿＿＿＿、専攻は経営学です。

8 ~で、~です。를 사용해서 본인 자기소개를 해봅시다.

예 はじめまして。
私はキム・セナです。
専攻は日本語日本文学科で、1年生です。
よろしくお願いします。

HINT 3학년 3年生　4학년 4年生

응용연습 1

1 짝과 예시처럼 일본어로 자기소개를 해봅시다.

こんにちは。はじめまして。日本語日本文学科のパク・スンジェです。
出身はプサンで、趣味はゲームです。よろしくお願いします。

HINT 出身 출신　プサン 부산　趣味 취미　ゲーム 게임

2 예시처럼 서로 몇 학년인지 맞혀 봅시다.

예 A: パク・スンジェさんは２年生ですか。

B: はい、2年(生)です。 / あ、私は2年(生)じゃありません。 1年(生)です。

A: 先輩! どうぞよろしくお願いします。 / 私も1年(生)です。よろしく!

B: よろしく!　　　　　　　/ よろしく!

3 반 친구에게 자신의 짝을 소개합시다.

こちらは田中桜さんです。
田中さんは韓国人じゃありません。
韓国大学の日本人留学生で、韓国語学科の2年生です。
田中さんの出身は東京で、趣味はヨガです。

HINT こちら 이쪽　東京 도쿄　ヨガ 요가

4 소개를 받은 다나카는 어떻게 말하면 좋을지 생각해봅시다.

____________、はじめまして。

________________________ です。

____________________________________。

よろしくお願いします!

응용연습 2

1 오늘 세나는 일본 대학생인 유미와 일본어로 온라인 교류를 합니다. 약속한 시간이 되어, 컴퓨터 화면에 유미 얼굴이 나왔습니다.

① 인사는 어떻게 하면 좋을까요?

☞

② 상대의 목소리가 들리지 않습니다. 뭐라고 말하면 좋을까요?

☞

③ 처음 만나는 사람에게 일본어로 자기소개를 할 수 있나요? 뭐라고 말하면 좋을까요?

☞

2 짝과 롤플레이를 해 봅시다. 이번 과에서 배운 내용을 활용해 보세요.

A

당신은 한국인으로 일본어를 전공하는 대학생입니다.
온라인에서 처음 만나는 일본인 대학생과 교류하기 위해 온라인 미팅 툴에 접속했습니다.
그런데 상대의 목소리는 들리지만 화면에 아무것도 나오지 않습니다.
그 사실을 상대에게 알려 주고, 서로 자기소개를 해 보세요.

B

당신은 일본인 대학생입니다.
온라인에서 처음 만나는 한국인 대학생과 교류하기 위해 온라인 미팅 툴에 접속했습니다.
그런데 카메라를 켜지 않은 채 자기소개를 시작해 버렸습니다.

3 한 번 도전해보고 일본어로 말하고 싶었는데 말할 수 없었던 표현이 있었나요? 사전을 찾아보거나 선생님께 물어보세요.

Can-do check

일본어로 자기소개를 할 수 있었나요? 👍 👍👍 👍👍👍

일본어로 친구를 소개할 수 있었나요? 👍 👍👍 👍👍👍

느낀점

これは「もみじまんじゅう」です。

이것은 '모미지만주'입니다.

point!

- こ/そ/あ/ど
- ～は何ですか
- 때를 나타내는 표현
- 何時ですか
  ～から ~まで
  ～でした/~ではありませんでした

핵심문장

これは何(なん)ですか。

이것은 무엇입니까?

それは日本(にほん)のお守(まも)りです。

그것은 일본 부적입니다.

授業(じゅぎょう)は午後(ごご)1時(いちじ)から5時(ごじ)までです。

수업은 오후 1시부터 5시까지입니다.

去年(きょねん)は大学生(だいがくせい)ではありませんでした。高校生(こうこうせい)でした。

작년에는 대학생이 아니었습니다. 고등학생이었습니다.

단어와 표현

これ 이것　何(なん)ですか 무엇입니까　それ 그것　日本(にほん) 일본　お守(まも)り 부적　授業(じゅぎょう) 수업　午後(ごご) 오후

～から ~부터, ~에서　～まで ~까지　去年(きょねん) 작년　～ではありませんでした ~이(가) 아니었습니다

～でした ~였습니다

핵심문형

1 こ/そ/あ/ど　　이/그/저/어느 (지시사)

「こ, そ, あ, ど」는 우리말의 '이, 그, 저, 어느'에 해당하는 지시사로, 「こ」는 모두 말하는 사람에게 가까운 것(근칭)을 나타내며, 「そ」는 듣는 사람에게 가까운 것(중칭), 「あ」는 말하는 사람과 듣는 사람에게 모두 먼 것(원칭), 「ど」는 가리키는 대상이 정해지지 않은 것(부정칭)을 나타낸다.

	こ(근칭)		そ(중칭)		あ(원칭)		ど(부정칭)	
사물	これ	(이것)	それ	(그것)	あれ	(저것)	どれ	(어느 것)
장소	ここ	(여기)	そこ	(거기)	あそこ	(저기)	どこ	(어디)
방향	こちら	(이쪽)	そちら	(그쪽)	あちら	(저쪽)	どちら	(어느 쪽)
명사 수식	この(本)	(이 (책))	その(本)	(그 (책))	あの(本)	(저 (책))	どの(本)	(어느 (책))

Tip

• 눈에 보이지 않는 화제에 대해 이야기할 때 대화에 참가하고 있는 모든 사람이 알고 있는 경우 우리말로는 '그'계열의 지시사를 사용하지만 일본어로는 그 경우에도 「あ」계열의 지시사를 사용한다.

2 ～は何ですか　　~은(는) 무엇입니까?

「何」은 우리말의 '무엇'이라는 뜻이다. 「~は何ですか」는 '~은(는) 무엇입니까'라는 뜻으로 어떤 것에 대해 무엇인지 물을 때 사용한다.

• A: これは何ですか。　　이것은 무엇입니까?

B: それは招き猫です。　　그것은 마네키네코입니다.

• A: あれは何ですか。　　저것은 무엇입니까?

B: あれは東京スカイツリーです。　　저것은 도쿄 스카이트리입니다.

• A: 木村さんの趣味は何ですか。　　기무라 씨의 취미는 무엇입니까?

B: 私の趣味は外国語の勉強です。　　저의 취미는 외국어 공부입니다.

누구인지 물어볼 때는 「誰(だれ)」를 사용한다.

- A: あの人(ひと)は誰(だれ)ですか。 저 사람은 누구입니까?
  B: あの人は田中(たなか)さんです。 저 사람은 다나카 씨입니다.

3 때를 나타내는 표현

때를 나타내는 표현을 알아보자.

일(日)	おととい (一昨日)	きのう (昨日)	きょう (今日)	あした (明日)	あさって (明後日)
주(週)	せんせんしゅう (先々週)	せんしゅう (先週)	こんしゅう (今週)	らいしゅう (来週)	さらいしゅう (再来週)
월(月)	せんせんげつ (先々月)	せんげつ (先月)	こんげつ (今月)	らいげつ (来月)	さらいげつ (再来月)
연(年)	おととし (一昨年)	きょねん (去年) さくねん (昨年)	ことし (今年)	らいねん (来年)	さらいねん (再来年)

4 何時ですか 몇 시입니까?

「何時(なんじ)」는 '몇 시'이고 「何分(なんぷん)」은 '몇 분'이란 뜻이다. '시간'을 말할 때는 「時(じ)」앞에 한자어 숫자를 붙이고, '분'을 말할 때는 「分(ふん)」앞에 한자어 숫자를 붙이는데, 앞에 오는 숫자에 따라 「分(ぷん)」으로 발음되기도 한다.

1時	2時	3時	4時	5時	6時	7時	8時	9時	10時	11時	12時
いちじ	にじ	さんじ	よじ	ごじ	ろくじ	しちじ	はちじ	くじ	じゅうじ	じゅういちじ	じゅうにじ
1分	2分	3分	4分	5分	6分	7分	8分	9分	10分	30分	半
いっぷん	にふん	さんぷん	よんぷん	ごふん	ろっぷん	ななふん	はっぷん	きゅうふん	じゅっぷん	さんじゅっぷん	はん

- A: 今(いま)、何時(なんじ)ですか。 지금 몇 시입니까?
  B: 4時(よじ)ちょうどです。 4시 정각입니다.

- A: 今、何時何分ですか。 지금 몇 시 몇 분입니까?

  B: えーと、今 9時 45分です。 음, 지금 9시 45분입니다.

- A: アメリカは今、何時ですか。 미국은 지금 몇 시입니까?

  B: 午前8時です。 오전 8시입니다.

Tip - 한자어 숫자읽기

0(零)	1(一)	2(二)	3(三)	4(四)	5(五)	6(六)	7(七)	8(八)	9(九)	10(十)
れい/ゼロ/まる	いち	に	さん	し/よん/よ	ご	ろく	しち/なな	はち	きゅう/く	じゅう

5 ～から ～まで ~부터 ~까지

「~から」는 '~부터, ~에서'라는 뜻으로 시간이나 장소의 시작(출발점)을 나타내고, 「~まで」는 '~까지'라는 뜻으로 시간이나 장소의 끝(도착점)을 나타낸다.

- A: バイトは何時からですか。 아르바이트는 몇 시부터입니까?

  B: 夜7時からです。 저녁 7시부터입니다.

- A: 会議は何時から何時までですか。 회의는 몇 시부터 몇 시까지입니까?

  B: 午後2時から4時までです。 오후 2시부터 4시까지입니다.

- 家から学校までバスで30分くらいです。 집에서 학교까지 버스로 30분 정도입니다.

6 ～でした/～ではありませんでした ~였습니다/ ~이(가) 아니었습니다

「~でした」는 「~です」의 과거형으로 '~였습니다'라는 뜻이고, 「~ではありませんでした」는 「~ではありません」의 과거형으로 '~이(가) 아니었습니다'라는 뜻이다. 명사에 연결되어 정중한 과거를 나타낸다.

• 去年は高校生でした。/ 高校生ではありませんでした。

작년에는 고등학생이었습니다 / 고등학생이 아니었습니다.

• この建物は昔、図書館でした。/ 図書館ではありませんでした。

이 건물은 예전에 도서관이었습니다 / 도서관이 아니었습니다.

Tip

'~였다'는 「~だった」이고, '~가 아니었다'는 「~ではなかった」이다.
명사문을 정리해보자.

	보통형		정중형	
	현재	과거	현재	과거
긍정	学生だ	学生だった	学生です	学生でした
부정	学生ではない	学生ではなかった	学生ではありません	学生ではありませんでした

단어와 표현

招き猫 마네키네코(복을 부르는 고양이)　東京スカイツリー 도쿄 스카이트리　趣味 취미
外国語 외국어　勉強 공부　人 사람　今 지금　ちょうど 정확히, 마침　午前 오전
バイト 아르바이트(アルバイト의 줄임말)　夜 밤　会議 회의　家 집　学校 학교　バス 버스
~で ~(으)로 *도구·수단　くらい/ぐらい 정도　建物 건물　昔 옛날, 예전　図書館 도서관

대화

일본어 동아리 첫 날이라 교실에서 학생들이 모여 과자 파티를 하고 있습니다. 다나카가 김세나에게 일본에서 사온 과자를 건네고 있습니다.

田中桜: キムさん、はい、どうぞ。

キム・セナ: これは何ですか。

田中桜: これは「もみじまんじゅう」です。日本の広島のお菓子です。

キム・セナ: うわ～。ありがとうございます。田中さんは広島出身ですか。

田中桜: はい。私の地元のお菓子です。ん? キムさん、あれは何ですか。

キム・セナ: あれ? ああ、あれはお餅ケーキです。

サークルの会長: みなさん、今日は山本先輩の誕生日です!先輩、おめでとうございます～。

キム・セナ: 田中さん、山本先輩はどの人ですか。

田中桜: ほら、あそこ、山本先輩はあの人です。

단어와 표현

はい、どうぞ 자, 이것 받으세요　もみじまんじゅう 모미지만주(단풍잎 모양 일본 전통과자. 히로시마의 특산물)
お菓子 과자　ありがとうございます 감사합니다　出身 출신　地元 고향, 오래 살던 지역　あれ 저것
お餅ケーキ 떡케이크　サークル 동아리　会長 회장　みなさん 여러분　今日 오늘　誕生日 생일
おめでとうございます 축하합니다　どの～ 어느～　ほら 급히 주의를 환기시킬 때 내는 소리
あそこ 저기, 저쪽　あの 저～

독해

今日(きょう)は朝(あさ)の９時(くじ)から授業(じゅぎょう)でした。

日本語(にほんご)サークルは夕方(ゆうがた)の4時半(よじはん)から６時(ろくじ)まででした。

場所(ばしょ)は７階(ななかい)の教室(きょうしつ)ではありませんでした。８階(はちかい)の教室でした。

明日(あした)の授業はお昼(ひる)の１２時(じゅうにじ)からです。

단어와 표현

朝(あさ) 아침　9時(くじ) 9시　夕方(ゆうがた) 저녁　4時半(よじはん) 4시반　6時(ろくじ) 6시　場所(ばしょ) 장소　7階(ななかい) 7층　教室(きょうしつ) 교실　8階(はちかい) 8층

明日(あした) 내일　お昼(ひる) 낮　１２時(じゅうにじ) 12시

연습문제

Can-do 사물이나 장소, 방향을 설명할 수 있다.
지난 일에 대해 설명할 수 있다.
시간에 대해 이야기할 수 있다.

기본 연습

1 무엇에 대해서 이야기하고 있습니까?

① (　　　　) ② (　　　　) ③ (　　　　) ④ (　　　　)

2 (　) 안에 표현 중, 가장 상황에 적절한 표현을 고르고 회화를 완성해봅시다.

① (これ・それ・あれ) は何(なん)ですか。

(これ・それ・あれ) は日本(にほん)のお餅(もち)です。

② (これ・それ・あれ) は何ですか。

(これ・それ・あれ) は牛丼(ぎゅうどん)です。

HINT 牛丼(ぎゅうどん) 규동

③ (これ・それ・あれ) は何ですか。

(これ・それ・あれ) はおそばです。

HINT おそば 메밀국수

④ (これ・それ・あれ) は何ですか お弁当(べんとう)ですか。

いいえ、(これ・それ・あれ) は お弁当じゃありません。 (これ・それ・あれ) はお節料理(せちりょうり)です。

HINT お弁当(べんとう) 도시락　お節料理(せちりょうり) 일본 설음식

3 일본어 관광 가이드가 돼서 손님에게 시장을 설명하고, 질문에 대답해주세요

⑥

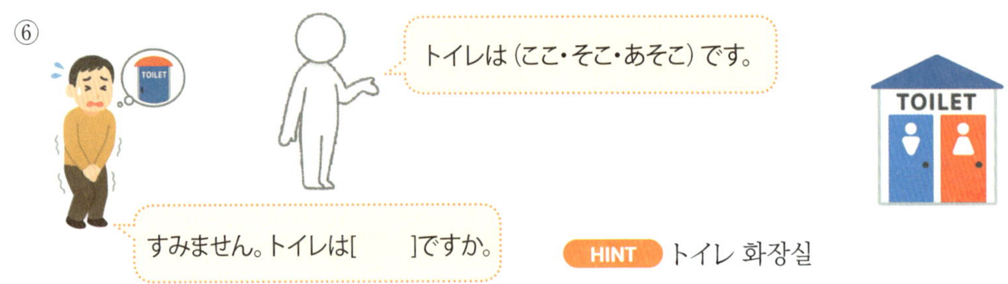

4 짝과 사진을 보면서 예와 같이 대화해 봅시다. 손가락으로 가리키는 것을 잊지 맙시다.

예 A: この人(ひと)は? / この人は誰(だれ)ですか。
B: この人は田中(たなか)さんです。

A: この人は?
B : これは私(わたし)です。

가족도 소개해봅시다

할아버지-祖父(そふ)　할머니-祖母(そぼ)　아버지-父(ちち)　어머니-母(はは)
오빠/형-兄(あに)　언니/누나-姉(あね)　남동생-弟(おとうと)　여동생-妹(いもうと)

5 우선 음성을 들어봅시다.

① 들은 내용을 메모해봅시다.

18	19	20	21	22	23	24
25	26	27	28	29	30	31

② [　]에 들어갈 말을 골라서 글을 완성해봅시다.

18일・・・ [一昨日(おととい)・昨日(きのう)・今日(きょう)・明日(あした)・明後日(あさって)] は母(はは)の誕生日(たんじょうび) [です・でした]。

19일・・・ [一昨日・昨日・今日・明日・明後日] は斎藤先輩(さいとうせんぱい)の誕生日 [です・でした]。

20일・・・ [一昨日・昨日・今日・明日・明後日] は山本先輩(やまもとせんぱい)の誕生日 [です・でした]。

21일・・・ [一昨日・昨日・今日・明日・明後日] は鈴木(すずき)さんの誕生日 [です・でした]。

22일・・・ [一昨日・昨日・今日・明日・明後日] は田中(たなか)さんの誕生日 [です・でした]。

③ 스케줄 보고 언제 누구 생일인지 말해봅시다.

18	19	20	21	22	23	24
나의 생일	아버지 생신	승재 생일	기무라 씨 생일	세나 생일		
25	26	27	28	29	30	31

18일・・・ ____________________は______________の誕生日[です・でした]。

19일・・・ ____________________は______________の誕生日[です・でした]。

20일・・・ ____________________は______________の誕生日[です・でした]。

21일・・・ ____________________は______________の誕生日[です・でした]。

22일・・・ ____________________は______________の誕生日[です・でした]。

6 예와 같이 말해봅시다.

예 A: すみません、今(いま)、何時(なんじ)ですか。

B: 今ですか。今、1時(いちじ)です。

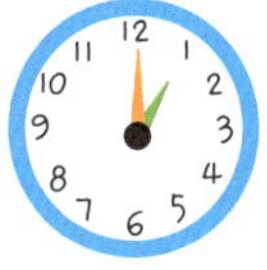

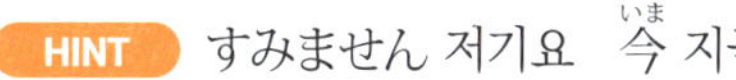

すみません 저기요　今(いま) 지금

① 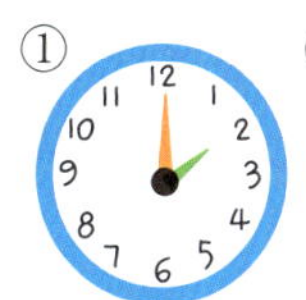
② 
③ 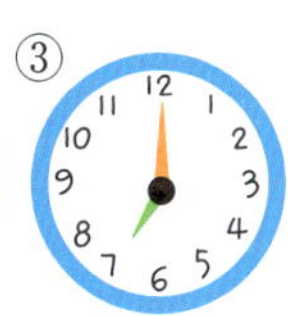
④ 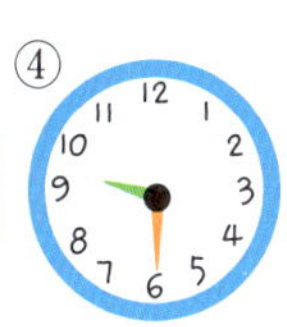
⑤ 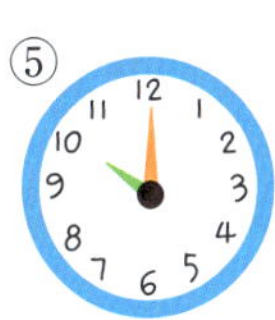
⑥ 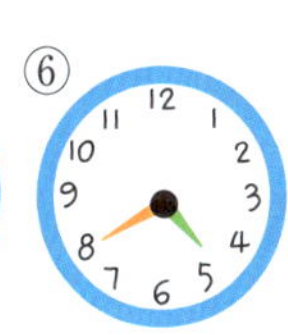
⑦ 

7 예와 같이 말해봅시다.

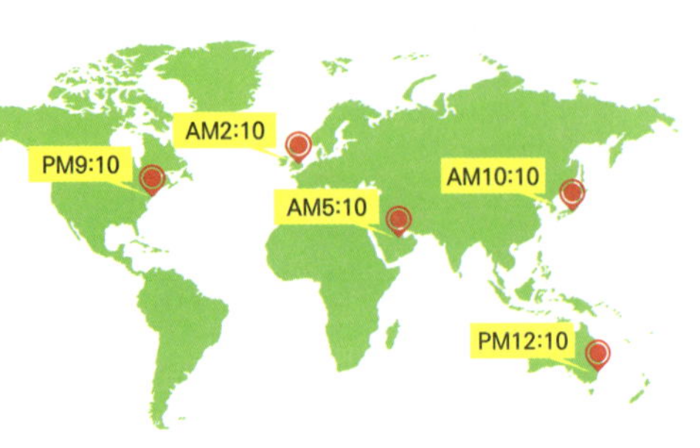

예 A: ドバイは今(いま)、何時(なんじ)ですか。

B: 今ですか。今、朝(あさ)の５時(ごじ) １０分(じゅっぷん)です。

HINT ドバイ 두바이　ニューヨーク 뉴욕

東京(とうきょう) 도쿄　シドニー 시드니　ロンドン 런던

8 음성을 들어봅시다.

① 들은 내용을 스케줄에 메모합시다.

18	19	20	21	22	23	24
25	26	27	28	29	30	31

② (　　)에 들어갈 말을 골라 글을 완성하세요.

19일 … [昨日(きのう)・今日(きょう)・明日(あした)]の授業は[朝(あさ)・お昼(ひる)・夕方(ゆうがた)・夜(よる)]の ________ から

[朝・お昼・夕方・夜]の ________ まで[です・でした]。

４:２０まで ________________________ 。

20일 … [昨日・今日・明日]の授業は[朝・お昼・夕方・夜]の______から

[朝・お昼・夕方・夜]の________まで [です・でした]。

21일 … [昨日・今日・明日]の授業は[朝・お昼・夕方・夜]の____________から

[朝・お昼・夕方・夜]の________まで [です・でした]。

1 승재가 한국 음식을 소개하고 있습니다.

これは韓国(かんこく)のお餅(もち)です。名前(なまえ)はムジゲトッです。
それから、これは韓国のお菓子(かし)です。名前はセウカンです。

HINT それから 그리고

2 승재처럼 짝과 서로 한국 음식을 일본어로 소개해봅시다.

HINT 食(た)べ物(もの) 먹을 것　飲(の)み物(もの) 마실 것　お餅(もち) 떡　パン 빵　ケーキ 케이크
お菓子(かし) 과자　あめ 사탕　ガム 검　グミ 젤리　チョコ / チョコレート 초콜릿
デザート / スイーツ 디저트　ジュース 주스　お茶(ちゃ) 차

1 짝과 롤플레이를 해 봅시다. 이번 과에서 배운 내용을 활용하세요.

A

당신은 일본어를 전공하고 있는 한국인 학생입니다. 일본인 유학생의 튜터로서 유학 생활을 서포트하게 되었습니다. 오늘 처음으로 유학생을 만나 학교를 안내합니다. 지금은 정문 앞에 있습니다. 유학생이 질문을 하면 대답해주세요. (교내 시설 이용 시간을 참고하세요.)
그리고 유학생과 내일도 만나야 하니 유학생의 내일 수업시간을 물어보세요.

B

당신은 일본인 유학생입니다.
오늘 처음으로 한국인 튜터 학생을 만납니다.
지금 정문 앞에 있습니다. 학교에 대해 궁금한 점을 질문해 주세요.
- 은행 장소
- 은행, 학생식당, 도서관 이용 가능 시간

그리고 수업 시간에 대해서도 자유롭게 이야기하세요.

HINT 銀行(ぎんこう) 은행　学生食堂(がくせいしょくどう) 학생식당　図書館(としょかん) 도서관

교내 시설 이용 시간

은행 9:30~16:00
학생식당 (조식) 8:00~9:00　**(중식)** 11:30~14:00　**(석식)** 17:00~18:30
도서관 6:00~24:00

튜터는 유학생의 내일 수업 시간을 적어주세요. 유학생은 알게 된 정보를 적어주세요.

유학생 이름 :
담당 튜터 이름 :

유학생 내일 수업시간

-
-
-
-

Memo

銀行(ぎんこう) : ～ :

学生食堂(がくせいしょくどう) : : ～ :

図書館(としょかん) : ～ :

한 번 도전해보고 일본어로 말하고 싶었는데 말할 수 없었던 표현이 있었나요?
사전을 찾아보거나 선생님께 물어보세요.

Can-do check

사물이나 장소, 방향을 설명할 수 있다.	👍	👍👍	👍👍👍
지난 일에 대해 설명할 수 있다.	👍	👍👍	👍👍👍
시간에 대해 이야기할 수 있다.	👍	👍👍	👍👍👍

느낀점

〉 한국어와 일본어의 공통점과 차이점 알아보기

공통점

어순	주어+목적어+술어의 어순이 같다.	나는 빵을 먹는다. 私(わたし)は パンを 食(た)べる。
조사사용	조사가 있기 때문에 조사에 의해 문장 안에서 단어들의 역할이 결정된다.	~이/가 : ～が　~을/를 : ～を ~은/는 : ～は　~에/에게 : ～に
경어사용	존경어, 겸양어, 정중어 등의 경어표현이 있다.	학생이다　학생입니다 学生(がくせい)だ　学生です 먹는다　드신다 食(た)べる　召(め)し上(あ)がる
한자사용	한자문화권이라 한자(어)를 사용한다.	학교: 学校(がっこう)　일본어: 日本語(にほんご)

차이점

	한국어	일본어
음절	자음과 모음을 조합하여 만든다.	음절문자로 자음과 모음으로 분리할 수 없다.
표기법	띄어쓰기를 한다.	띄어쓰기를 하지 않는다. 예외적으로 초급 일본어 학습자를 위한 교재나 어린이를 대상으로 한 책 등에서는 띄어쓰기를 하는 경우도 있다.
한자읽기	음독만 있다.	음독과 훈독이 있다.
문장부호	문장 중간에는 쉼표(,)를 사용하고, 문장 끝에는 마침표(.)를 사용한다. 의문문과 감탄문에서는 물음표와 느낌표를 사용한다.	문장 중간에는 読点(とうてん)「、」을 사용하고, 문장 끝에는 句点(くてん)「。」을 사용한다. 의문문과 감탄문에서도 특별한 경우가 아니면 물음표나 느낌표는 사용하지 않고 「。」를 사용한다.

たこ焼き、二つください。

다코야키, 두 개 주세요.

point!

- いくらですか
- 수량·개수 표현
- ~をください
- ~(です)ね
- 날짜, 요일 표현

핵심문장

おにぎりはいくらですか。

오니기리는 얼마입니까?

おにぎりは一つ(ひと)１５０円(ひゃくごじゅうえん)です。

오니기리는 한 개에 150엔입니다.

焼(や)きそばを一つください。

야키소바를 한 개 주세요.

焼(や)きそばを一つですね。

야키소바 한 개 맞죠?

こどもの日(ひ)は５月(ごがつ)５日(いつか)です。

어린이 날은 5월 5일입니다.

会話(かいわ)のテストは来週(らいしゅう)の水曜日(すいようび)です。

회화 시험은 다음 주 수요일입니다.

단어와 표현

おにぎり 오니기리(주먹밥)　いくらですか 얼마입니까?　一つ(ひと) 하나, 한 개　１５０円(ひゃくごじゅうえん) 150엔
焼(や)きそば 야키소바(볶음면)　~を ~을(를)　ください 주세요　~ですね ~네요, ~지요?
こどもの日(ひ) 어린이날　５月(ごがつ) 5월　５日(いつか) 5일　会話(かいわ) 회화　テスト 테스트, 시험　来週(らいしゅう) 다음 주　水曜日(すいようび) 수요일

핵심문형

1 いくらですか　얼마입니까?

「いくら」는 우리말의 '얼마'라는 뜻으로 가격을 물어볼 때 사용한다. 「いくらですか」는 '얼마입니까?'라는 뜻으로, 정중하게 표현할 때는 「おいくらですか」라고 하면 된다.

- バスの料金(りょうきん)はいくら?　버스 요금은 얼마야?
- 入場料(にゅうじょうりょう)はいくらですか。　입장료는 얼마입니까?
- 全部(ぜんぶ)でおいくらですか。　전부 (다 해서) 얼마입니까?

Tip - 숫자의 단위

1(一)	10(十)	100(百)	1000(千)	10000(万)	
いち に さん …	じゅう にじゅう さんじゅう …	ひゃく にひゃく さんびゃく …	せん にせん さんぜん …	いちまん にまん さんまん …	*300：さんびゃく　600：ろっぴゃく 800：はっぴゃく　何百：なんびゃく 3000：さんぜん　何千：なんぜん *54321: ごまんよんせんさんびゃく にじゅういち

2 수량·개수 표현

우리말의 '하나, 둘, 셋…(한 개, 두 개, 세 개…)'과 같이 개수를 나타낼 때는 고유어 수사를 사용한다.

하나	둘	셋	넷	다섯	여섯	일곱	여덟	아홉	열	몇 개
一(ひと)つ	二(ふた)つ	三(みっ)つ	四(よっ)つ	五(いつ)つ	六(むっ)つ	七(なな)つ	八(やっ)つ	九(ここの)つ	十(とお)	いくつ

사물(대상)의 종류에 따라 다양한 조수사를 사용한다.

本(ほん)	一本(いっぽん)	二本(にほん)	三本(さんぼん)	四本(よんほん)	五本(ごほん)	六本(ろっぽん)	七本(ななほん)	八本(はっぽん)	九本(きゅうほん)	十本(じゅっぽん)	何本(なんぼん)
枚(まい)	一枚(いちまい)	二枚(にまい)	三枚(さんまい)	四枚(よんまい)	五枚(ごまい)	六枚(ろくまい)	七枚(ななまい)	八枚(はちまい)	九枚(きゅうまい)	十枚(じゅうまい)	何枚(なんまい)
階(かい)	一階(いっかい)	二階(にかい)	三階(さんがい)	四階(よんかい)	五階(ごかい)	六階(ろっかい)	七階(ななかい)	八階(はっかい/はちかい)	九階(きゅうかい)	十階(じゅっかい)	何階(なんがい)

3 ~をください　~을(를) 주세요

「ください」는 '주세요'라는 뜻으로 '~을 주세요'는 「~を ください」라고 하면 된다. 물건 등을 달라고 요청할 때 사용하는데, 정중하게 표현할 때는 「ください」 대신 '부탁합니다'라는 뜻의 「お願(ねが)いします」를 사용하기도 한다.

- アイスコーヒーをください。　아이스 커피를 주세요.
- いちごケーキ二(ふた)つと赤(あか)ワイン一本(いっぽん)ください。　딸기 케이크 2개와 레드 와인 1병 주세요.

4 ~(です)ね　~네(요), ~지(요)?

「~ね」는 상대방에게 동의나 구하거나 확인을 할 때, 혹은 상대방이 말한 것에 대해 동의를 할 때 주로 사용하는 종조사이다. 또한 가벼운 감탄을 나타내거나 표현을 부드럽게 할 때 사용하기도 한다. 「~ですね」는 문맥에 따라 '~네요, ~지요?' 등으로 해석된다.

- A: もうすっかり春(はる)ですね。　이제 완연한 봄이네요.
  B: そうですね。　그러네요.

「~よ」는 상대방이 모르는 것에 대해 정보를 제공하거나, 자신의 의견을 강하게 나타낼 때 주로 사용하는 종조사이다.

- A: 映画(えいが)は何時(なんじ)からですか。　　영화는 몇 시부터예요?

  B: 3時(さんじ)からですよ。　　3시부터예요.

5 날짜, 요일 표현

- 달은 「月(がつ)」 앞에 한자어 숫자를 붙여서 말한다.

いちがつ 1月	にがつ 2月	さんがつ 3月	しがつ 4月	ごがつ 5月	ろくがつ 6月	しちがつ 7月	はちがつ 8月	くがつ 9月	じゅうがつ 10月	じゅういちがつ 11月	じゅうにがつ 12月

- 일은 「日(にち)」 앞에 한자어 숫자를 붙여서 말한다. 단,1일~10일과 20일, 그리고 14일과 24일은 특수하게 읽으니 주의해야 한다.

ついたち 1日	ふつか 2日	みっか 3日	よっか 4日	いつか 5日	むいか 6日	なのか 7日
ようか 8日	ここのか 9日	とおか 10日	じゅういちにち 11日	じゅうににち 12日	じゅうさんにち 13日	じゅうよっか 14日
じゅうごにち 15日	じゅうろくにち 16日	じゅうしちにち 17日	じゅうはちにち 18日	じゅうくにち 19日	はつか 20日	にじゅういちにち 21日
にじゅうににち 22日	にじゅうさんにち 23日	にじゅうよっか 24日	にじゅうごにち 25日	にじゅうろくにち 26日	にじゅうしちにち 27日	にじゅうはちにち 28日
にじゅうくにち 29日	さんじゅうにち 30日	さんじゅういちにち 31日				

- 요일은 「曜日(ようび)」라고 한다.

にちようび 日曜日	げつようび 月曜日	かようび 火曜日	すいようび 水曜日	もくようび 木曜日	きんようび 金曜日	どようび 土曜日

- A: ひな祭りはいつですか。　　히나마쓰리는 언제입니까?

  B: 3月3日です。　　3월 3일입니다.

- A: 会話のテストはいつからですか。　　회화 시험은 언제부터입니까?

  B: 来週の水曜日からです。　　다음주 수요일부터입니다.

Tip

언제는 「いつ」, 몇 월은 「何月」, 몇 일은 「何日」, 무슨 요일은 「何曜日」라고 한다.

단어와 표현

料金 요금　入場料 입장료　全部で 전부 다해서　アイスコーヒー 아이스 커피　いちごケーキ 딸기 케이크　～と ~와(과)　赤ワイン 적포도주, 레드 와인　もう 이제, 벌써　すっかり 완전히　春 봄　そうですね 그러네요　映画 영화　何時 몇 시　ひな祭り 히나마쓰리

대화

오늘은 대학 축제입니다. 일본어 동아리에서는 다코야키와 오코노미야키를 만들어 팔고 있습니다.

パク・スンジェ： いらっしゃいませ！たこ焼き、いかがですか。お好み焼き、いかがですか。

鈴木美紀： すみません、たこ焼き、二つください。

パク・スンジェ： ありがとうございます。少々お待ちください。

鈴木美紀: あ、お好み焼きもください。

パク・スンジェ： ありがとうございます。お好み焼きも二つですか。

鈴木美紀： お好み焼きは一つでお願いします。いくらですか。

パク・スンジェ： たこ焼きを二つ、お好み焼きを一つですね。全部で13,000ウォンです。

鈴木美紀： カード、大丈夫ですか。

パク・スンジェ: すみません。カードはちょっと…。現金でお願いします。

鈴木美紀: 分かりました。じゃあ、これで…。

パク・スンジェ： 20,000ウォン、お預かりします。7,000ウォンのお返しです。
少々お待ちください。
たこ焼き二つとお好み焼き一つです。ありがとうございました。

단어와 표현

いらっしゃいませ。 어서 오세요　たこ焼き 다코야키　いかがですか 어떻습니까?　お好み焼き 오코노미야키
すみません 저기요, 미안합니다　二つ 두 개　ありがとうございます 감사합니다
少々お待ちください 잠시만 기다려주세요　～も ~도　～を ~을/를　ウォン 원　カード 카드
大丈夫ですか 괜찮아요?　～はちょっと ~은(는) 좀　現金 현금　分かりました 알겠습니다　じゃあ 그럼
これで 이것으로　お預かりします 받겠습니다　お返し 거스름돈　～と ~와(과)
ありがとうございました 감사했습니다

독해

韓国大学のサークル紹介イベントは３月20日から２３日までです。

去年は３月２４日から２８日まででした。

来月は中間テストです。４月２１日月曜日から２５日金曜日までです。

日本は４月２９日からゴールデンウィークです。今年は５月５日まで休みです。

단어와 표현

紹介 소개　イベント 이벤트　3月 3월　20日 20일　23日 23일　24日 24일　28日 28일
来月 다음달　中間テスト 중간시험　4月 4월　21日 21일　月曜日 월요일　25日 25일
金曜日 금요일　29日 29일　ゴールデンウィーク 골든 위크 (4월 말에서 5월 초에 걸친, 1년 중 휴일이 가장 많은 주간)　今年 올해　休み 쉼, 휴일

연습문제

Can-do 일본어로 물건을 사고 팔 수 있다.
일본어로 날짜/요일에 대해 이야기를 하고 알아들을 수 있다.

1 아래 칸에 10~99까지의 숫자 중 원하는 숫자를 적어주세요. 한 명씩 숫자를 말해봅시다. 줄이 세 줄이 되면 '빙고!'를 외치세요.

2 가격을 일본어로 물어보고 맞는 금액에 ○를 해주세요.

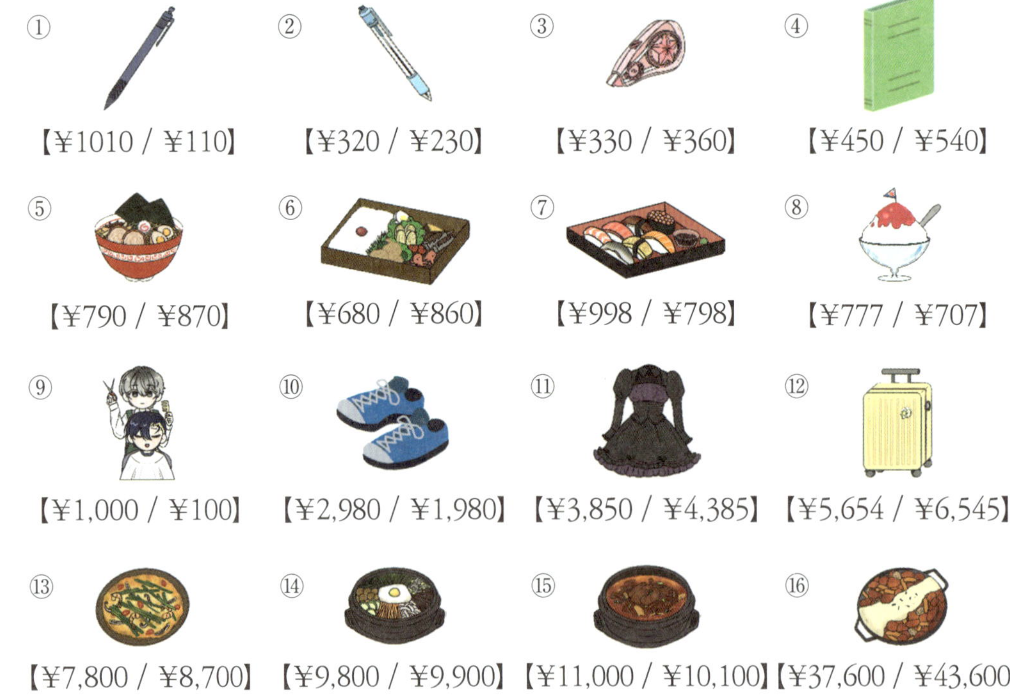

HINT 税込(ぜいこ)み 세금을 포함한 액수

3 주문을 듣고 메모를 해봅시다.

①
- おにぎり _____개
- やきそば _____개
- たこやき _____개
- おこのみやき _____개

②
- うどん _____개
- ざるそば _____개
- コーラ _____개
- ジュース _____개

③
- アイスコーヒー _____개
- カフェラテ _____개
- カフェモカ _____개
- ショートケーキ _____개

4 다음 메모에 적힌 대로 주문을 해봅시다.

①
- おにぎり 5개
- やきそば 2개
- たこやき 3개
- おこのみやき 1개

②
- うどん 9개
- ざるそば 6개
- コーラ 8개
- ジュース 2개

③
- アイスコーヒー 7개
- カフェラテ 4개
- カフェモカ 1개
- ショートケーキ 1개

5 일본 공휴일은 언제일까요? 선생님에게 물어보고 그 날짜를 쓰세요.

① 元日(がんじつ) ･･･ / 설날
② 成人(せいじん)の日(ひ) ･･･ / 성년의 날
③ 建国記念(けんこくきねん)の日(ひ) ･･･ / 건국기념일
④ 天皇誕生日(てんのうたんじょうび) ･･･ / 천황탄생일
⑤ 春分(しゅんぶん)の日(ひ) ･･･ / 춘분
⑥ 昭和(しょうわ)の日(ひ) ･･･ / 쇼와의 날
⑦ 憲法記念日(けんぽうきねんび) ･･･ / 헌법 기념일
⑧ みどりの日(ひ) ･･･ / 식목일
⑨ こどもの日(ひ) ･･･ / 어린이날
⑩ 海(うみ)の日(ひ) ･･･ / 바다의 날
⑪ 山(やま)の日(ひ) ･･･ / 산의 날
⑫ 敬老(けいろう)の日(ひ) ･･･ / 경로의 날
⑬ 秋分(しゅうぶん)の日(ひ) ･･･ / 추분
⑭ スポーツの日(ひ) ･･･ / 스포츠의 날
⑮ 文化(ぶんか)の日(ひ) ･･･ / 문화의 날
⑯ 勤労感謝(きんろうかんしゃ)の日(ひ) ･･･ / 근로감사의 날

6 생일 BINGO를 합시다. 시간 내에 반 학생들에게 생일을 물어보고 다음 페이지 표에 이름과 생일 날짜를 적어주세요. 가장 빨리 1월부터 12월까지 생일인 사람을 1명씩 찾은 학생이 우승입니다.
(반 학생 중에 1월부터 12월까지 생일이 없는 경우에는 칸을 가장 많이 채운 사람이 승자입니다.)

A: あの～、誕生日(たんじょうび)は何月何日(なんがつなんにち)ですか。/誕生日はいつですか。

B：２月７日(にがつなのか)です。

A：ありがとうございます。

	名前	誕生日		名前	誕生日
1月			7月		
2月			8月		
3月			9月		
4月			10月		
5月			11月		
6月			12月		

7 세나의 일주일 스케줄을 듣고 적어주세요.

曜日	Mon.	Tue.	Wed.	Thu.	Fri.	Sat.	Sun.
スケジュール							

8 무슨 요일에 무슨 수업이 있나요? 아래 표에 쓰고 질문에 대답해봅시다.

曜日	Mon.	Tue.	Wed.	Thu.	Fri.	Sat.	Sun.
スケジュール							

質問(しつもん)①: 日本語(にほんご)の会話(かいわ)の授業(じゅぎょう)は何曜日(なんようび)ですか。

質問②: 専攻基礎日本語(せんこうきそにほんご)の授業は何曜日ですか。

質問③: 教養(きょうよう)の授業は何曜日ですか。

1 짝과 롤플레이를 해 봅시다. 이번 과에서 배운 내용을 활용해봅시다.

A

아르바이트를 하고 있는 카페에 일본 손님이 왔습니다. 음료 가격을 설명하고 주문을 받으세요. 이 가게는 선불입니다. 주문을 받고 바로 계산을 도와주세요.
지금 카드 기기가 고장이 나서 현금으로만 계산이 가능한 상황입니다.

B

당신은 일본인 관광객입니다. 서울에 있는 카페에 들어왔습니다. 당신은 한국어를 잘하지 못합니다. 일행은 3명입니다. 음료를 주문을 해서 계산을 해주세요.

MENU

아메리카노(hot/ice)	3,900원
카페라떼(hot/ice)	4,300원
카페모카(hot/ice)	5,100원
카푸치노(hot/ice)	5,600원

✓ 한 번 도전해보고 일본어로 말하고 싶었는데 말할 수 없었던 표현이 있었나요?
사전을 찾아보거나 선생님께 물어보세요.

! 10대 접객 용어

① いらっしゃいませ。 ② 少々(しょうしょう)お待(ま)ちください(ませ)。 ③ かしこまりました。
④ お待(ま)たせ(いた)しました。 ⑤ 恐(おそ)れ入(い)りますが ⑥ 失礼(しつれい)いたします。
⑦ 申(もう)し訳(わけ)ございません。 ⑧ ありがとうございます。/ありがとうございました。
⑨ またお越(こ)しください(ませ)。 ⑩ おはようございます。/こんにちは。/こんばんは。

응용연습 2

1 한국 공휴일은 언제인지 말해봅시다. 올해는 무슨 요일인지도 알아봅시다.

① 신정 • • • / ( ) ② 설날 • • • / ( ) ③ 삼일절 • • • / ( )

④ 어린이날 • • • / ( ) ⑤ 부처님오신날 • • • / ( ) ⑥ 현충일 • • • / ( )

⑦ 광복절 • • • / ( ) ⑧ 개천절 • • • / ( ) ⑨ 추석 • • • / ( )

⑩ 한글날 • • • / ( ) ⑪ 크리스마스 • • • / ( )

2 여러분의 대학교 이번 학기 행사, 학사 스케줄을 알아봅시다.

① サークル紹介(しょうかい)イベント • • • / ( ) ② 中間(ちゅうかん)テスト • • • / ( )

③ 期末(きまつ)テスト • • • / ( ) ④ 夏休(なつやす)み • • • / ( ) ~ / ( )

⑤ 기타 행사,학사 또는 休(やす)み →「　　　」/ ( )

3 '독해'문장을 참고로 이번학기 여러분의 대학교 스케줄을 설명해봅시다.

Can-do check

일본어로 물건을 사고 팔 수 있다.

일본어로 날짜/요일에 대해 이야기를 하고 알아들을 수 있다.

느낀점

〉일본어의 악센트 알아보기

보통 악센트하면 영어의 강세 악센트를 떠올리는데, 일본어에는 고저 악센트가 있다. 고저 악센트는 어휘를 이루는 각 음절이 상대적으로 높거나 낮아지는 악센트를 가리 킨다. 일본어는 음절수가 상대적으로 적고 한자어를 많이 사용하기 때문에 동음이의어가 많아 고저 악센트는 의미를 구분하는데 중요한 역할을 하기도 한다 (비(雨): あめ, 사탕(飴): あめ). 일본어의 악센트에는 규칙이 있는데 제1음절과 제2음절은 악센트의 높낮이가 다르고, 한 번 높은 곳에서 낮은 곳으로 내려오면 다시 올라가는 일은 없다는 점을 기억하면 악센트를 익히는데 도움이 된다. 일본어 단어에서 높은 곳에서 낮은 곳으로 떨어지는 지점을 핵이라고 하며, 한 단어 안에 핵은 하나만 있다(평판형은 제외). 핵의 위치에 따라 일본어 악센트는 아래와 같이 네 가지로 분류한다. 참고로 고저 악센트는 같은 단어라도 지방마다 다르고 조사가 연결되면 달라지기도 하기 때문에 일본인들에게도 어려워서, 일본 서점에 가면 '악센트사전'이 따로 있을 정도이다.

① 두고형: 단어의 맨 앞에 핵이 있는 것 (예) けさ(오늘 아침), かんこく(한국)

② 중고형: 단어의 중간에 핵이 있는 것 (예) こころ(마음), あなた(너, 당신)

③ 미고형: 단어의 맨 뒤에 핵이 있는 것 (예) いもうと(여동생), あたま(머리)

④ 평판형: 핵이 없는 것 (예) わたし(나, 저), つくえ(책상)

図書館にはミニシアターもあります。

도서관에는 소형 영화관도 있습니다

point!

- ありります
- います
- 위치 명사
- ～や ～など

핵심문장

トイレは二階(にかい)にあります。

화장실은 2층에 있습니다.

弟(おとうと)が二人(ふたり)います。

남동생이 두 명 있습니다.

机(つくえ)の上(うえ)にスマホがあります。

책상 위에 스마트 폰이 있습니다.

動物園(どうぶつえん)にはパンダや猿(さる)などがいます。

동물원에는 판다랑 원숭이 등이 있습니다.

단어와 표현

トイレ 화장실　二階(にかい) 2층　～に ~에(존재 위치)　あります (사물·식물) 있습니다　弟(おとうと) 남동생
～が ~이(가)　二人(ふたり) 2명　います (사람·동물) 있습니다　スマホ 스마트 폰　動物園(どうぶつえん) 동물원
パンダ 판다　～や ~(이)랑, ~(이)나　猿(さる) 원숭이　～など ~등, ~같은 것

핵심문형

1 あります　　(사물·식물) 있습니다

「あります」는 사물이나 식물 등 스스로 움직일 수 없는 주체의 존재를 나타내는 표현으로 우리말의 '있습니다'에 해당한다. 부정형은 「ありません」이다.

- 日本語(にほんご)の本(ほん)があります。　　일본어 책이 있습니다.
- 公園(こうえん)にさくらがたくさんあります。　　공원에는 벚나무가 많이 있습니다.
- A: トイレは一階(いっかい)にありますか。　　화장실은 1층에 있습니까?

  B: いいえ、トイレは一階にありません。二階(にかい)にあります。

  아니요, 화장실은 1층에 없습니다. 2층에 있습니다.

Tip

조사 「に」에는 다양한 용법이 있는데, '~에' 라는 존재의 위치를 나타내기도 한다.

2 います　　(사람·동물) 있습니다

「います」는 사람이나 동물 등 스스로 움직일 수 있는 주체의 존재를 나타내는 표현으로 우리말의 '있습니다'에 해당한다. 부정형은 「いません」이다.

- 妹(いもうと)が一人(ひとり)います。　　여동생이 1명 있습니다.
- 庭(にわ)に犬(いぬ)がいます。　　마당에 개가 있습니다.
- A: 先生(せんせい)は教室(きょうしつ)にいますか。　　선생님은 교실에 있습니까?

  B: いいえ、先生は教室にいません。コピー室(しつ)にいます。

  아니요, 선생님은 교실에 없습니다. 복사실에 있습니다.

Tip

사람 수를 세는 법을 알아보자.

ひとり	ふたり	さんにん	よにん	ごにん	ろくにん	しちにん/ななにん	はちにん	きゅうにん	じゅうにん	なんにん
一人	二人	三人	四人	五人	六人	七人	八人	九人	十人	何人

3 위치 명사

존재의 위치를 나타내는 다양한 명사를 알아보자.

위	아래	안(속)	밖	앞	뒤	옆(이웃)	옆(곁)	옆(가로)	오른쪽	왼쪽
うえ (上)	した (下)	なか (中)	そと (外)	まえ (前)	うしろ (後ろ)	となり (隣)	そば (側/傍)	よこ (横)	みぎ (右)	ひだり (左)

- 冷蔵庫(れいぞうこ)の中(なか)に牛乳(ぎゅうにゅう)があります。 냉장고 안에 우유가 있습니다.
- 学校(がっこう)の隣(となり)にコンビニがあります。 학교 옆에 편의점이 있습니다.
- テーブルの下(した)に猫(ねこ)がいます。 테이블 아래에 고양이가 있습니다.

4 ～や ～など　　~(이)랑 ~등

「~や」는 '~(이)나, ~(이)랑'이란 뜻으로 여러 가지 사항의 열거를 나타낸다. 열거한 것 외에 다른 것이 또 있음을 나타내며, 보통 뒤에 '~등, ~같은 것'이란 뜻의 「など」와 함께 사용한다.

- 図書館(としょかん)には最新(さいしん)の小説(しょうせつ)や雑誌(ざっし)などがあります。 도서관에는 최신 소설이랑 잡지 등이 있습니다.
- このビルにはレストランや書店(しょてん)などがあります。 이 빌딩에는 레스토랑이랑 서점 등이 있습니다.
- かばんの中(なか)には財布(さいふ)やハンカチなどがあります。 가방 안에는 지갑이랑 손수건 등이 있습니다.

Tip

「～と」도 여러 사항을 열거할 때 사용하는데, 「～や」와는 달리 열거할 사항을 모두 제시한다.

단어와 표현

公園(こうえん) 공원　さくら 벚나무　たくさん 많이　一階(いっかい) 1층　妹(いもうと) 여동생　庭(にわ) 정원　犬(いぬ) 개　コピー室(しつ) 복사실
冷蔵庫(れいぞうこ) 냉장고　牛乳(ぎゅうにゅう) 우유　コンビニ 편의점　テーブル 테이블　猫(ねこ) 고양이　最新(さいしん) 최신　小説(しょうせつ) 소설　雑誌(ざっし) 잡지
この～ 이~　ビル 빌딩, 건물　レストラン 레스토랑　書店(しょてん) 서점　かばん 가방　財布(さいふ) 지갑　ハンカチ 손수건

대화

박승재가 대학 축제에서 만난 다른 대학교 유학생 스즈키 미키와 친해져서 대학교를 안내하고 있습니다.

パク・スンジェ： ここが図書館(としょかん)です。

鈴木美紀(すずきみき)： この図書館に日本語(にほんご)の本(ほん)はありますか。

パク・スンジェ： はい、もちろんありますよ。それから、図書館にはミニシアターもあります。

鈴木美紀： へえ～。この建物(たてもの)には何(なに)がありますか。

パク・スンジェ： この建物にはレストランやコンビニやジムなどがあります。

鈴木美紀： え?あそこにスタバがあります!

パク・スンジェ： はい、コスメショップもありますよ。

鈴木美紀： 大学(だいがく)の中(なか)にスタバとコスメショップ!すごいです!

(카페 안으로 들어간다)

鈴木美紀： うわ～学生(がくせい)がたくさんいますね。うーん、でも席(せき)がありません。

パク・スンジェ： 大丈夫(だいじょうぶ)ですよ。学校(がっこう)の周(まわ)りにカフェはたくさんあります。

단어와 표현

ここ 여기, 이곳　もちろん 물론　それから 그리고　ミニシアター 미니시어터(소형 영화관)

へえ～ 감탄·놀람을 나타내는 말　建物(たてもの) 건물　何(なに) 무엇　ジム 체육관, 헬스장

スタバ 스타벅스(スターバックス의 줄임말)　コスメショップ 화장품 가게　中(なか) 안　すごい 대단하다

たくさん 많이　でも 하지만　席(せき) 자리　大丈夫(だいじょうぶ)です 괜찮습니다　周(まわ)り 주변　カフェ 카페

독해

鈴木美紀さんはソウル外国語大学の留学生です。

神奈川県出身で、家は横浜にあります。

横浜には中華街や山下公園などがあります。

鈴木さんは五人家族で、ご両親と妹さんが二人います。それから犬も一匹います。

上の妹さんは今、アメリカにいます。下の妹さんは大阪にいます。

단어와 표현

ソウル外国語大学 서울외국어대학교　神奈川県 가나가와현　出身 출신　横浜 요코하마
中華街 차이나타운　山下公園 야마시타공원　五人家族 5명 가족　ご両親 (남의)부모님
妹さん (남의)여동생　一匹 한 마리　アメリカ 미국　下 아래　大阪 오사카

연습문제

Can-do 사물이나 인물 등이 존재하는 장소를 설명할 수 있다.

기본 연습

1 "あります"와 "います"중에서 적절한 표현을 고르세요?

① 本 – 【あります・います】 ② 妹 – 【あります・います】 ③ 犬 – 【あります・います】

④ 桜 – 【あります・います】 ⑤ トイレ – 【あります・います】 ⑥ 授業 – 【あります・います】

2 음성을 듣고 다음 관광지가 어디에 있는지 (　)안에 번호를 적어주세요.

① スカイツリー

② USJ(ユニバーサルスタジオジャパン)

③ 東京ディズニーランド

④ ハウステンボス

3 아래에 있는 <종합관 층별 안내도>를 보고 몇 층에 무엇이 있는지 말해봅시다.

예 A: ________ はどこにありますか。

B: ________ にあります。

① 会話の教室 ② 先生の研究室 ③ 大ホール ④ コンビニ ⑤ イングリッシュカフェ

HINT 研究室 연구실 大ホール 대강당

4 누가 어디에 있는지 질문하고 대답하는 연습해봅시다.

예 A: ________ さんはどこにいますか。

B:________ にいます。

(a) 木村先生 (b) 李先生 (c) 桜さん

(d) 山本先輩 (e) セナさん (f) スンジェさん

<종합관 층별 안내도>

층	
10	[대강당(c)]
9	
8	[교수님 연구실(b)]
7	[회화 교실(f)]
6	
5	
4	[편의점(a)]
3	[교실(d)]
2	
1	[잉글리시 카페(e)]

5 다음 장면에서의 적절한 표현을 말해보세요.

HINT お金(かね) 돈 眼鏡(めがね) 안경 傘(かさ) 우산 時間(じかん) 시간 お客(きゃく)さん 손님

6 시력검사를 일본어로 해봅시다.

예 A: これは何(なん)ですか。

B: 下(した)です。

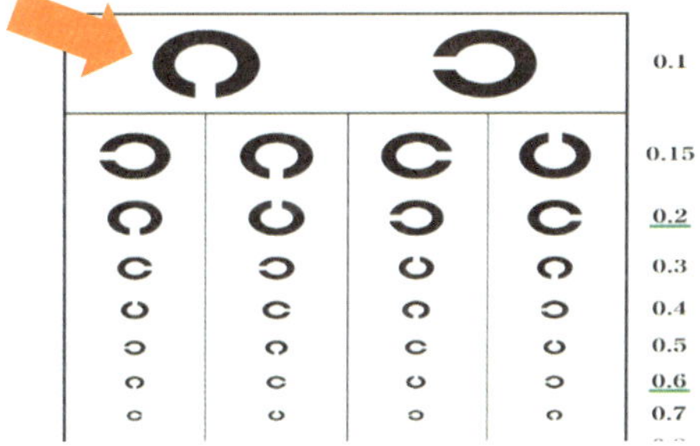

7 개를 찾는 사람에게 개의 위치를 알려주세요.

8 질문에 대답해봅시다.

① 兄弟(きょうだい)は【あります・います】か。

HINT 兄弟(きょうだい) 형제, 자매　妹(いもうと) 여동생

② 彼氏(かれし)は【あります・います】か。

HINT 彼氏(かれし) 남자 친구　軍隊(ぐんたい) 군대

③ 家(いえ)にペットは【あります・います】か。

HINT 家(いえ) 집　ペット 애완동물

④ 日本人(にほんじん)の友達(ともだち)は何人(なんにん)【あります・います】か。

HINT 友達(ともだち) 친구

⑤ 学校(がっこう)はどこに【あります・います】か。

⑥ 学校(がっこう)には日本人(にほんじん)の先生(せんせい)が【あります・います】か。

⑦ 大学(だいがく)の近(ちか)くには地下鉄(ちかてつ)の駅(えき)が【あります・います】か。

HINT 近(ちか)く 근처　地下鉄(ちかてつ) 지하철　駅(えき) 역

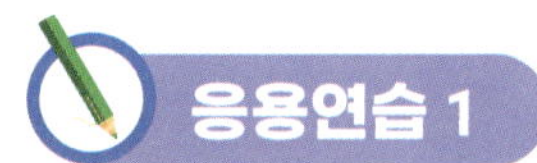

1 지금까지 배운 표현을 사용해서, 자신의 대학을 일본인 학생에게 어필합시다. 무엇을 소개하고 싶습니까?

① ② ③ ④ ⑤

2 짝과 상의해서 소개하고 싶은 것이나 장소를 하나 정해주세요.

3 거기에는 무엇이 있습니까? 또 어떤 사람이 (얼마나) 있나요?

4 대학 소개를 듣고 스크립트의 ______ 부분에 들어갈 말을 써보세요.

セナ・スンジェ：みなさん、①________________。

セナ：私は韓国大学 ②__________________________のキム・セナです。

スンジェ：③________韓国大学の日本語日本文学科 1 年のパク・スンジェです。

セナ：今、私たちは韓国大学 ④______________________。

スンジェ：しー! ⑤______________の学生が ⑥____________________。

セナ：あ、⑦______________…。

え〜、韓国大学の ⑧________________ミニシアター ⑨__________________。

ミニシアターは ⑩________________________。

スンジェ：え? 階段?

セナ：エレベーター ⑪__________________。

スンジェ：(`・ω・´)b

ここがミニシアターです。韓国の映画、日本の映画、中国の映画 ⑫___________。

セナ：すごい!

セナ・スンジェ：⑬__________、韓国大学のミニシアターの ⑭________________!

HINT 勉強中 공부중　たくさん 많이　階段 계단　エレベーター 엘리베이터

5 위의 스크립트를 참고해서 스크립트를 작성해봅시다.

1 한국 여행을 계획중인 일본인의 질문에 대답해봅시다.

예

青瓦台（チョンワデ/せいがだい）はソウルにありますか。

はい、ソウルの鍾路（チョンノ）にあります。
光化門（カンファムン）の近く(ちか)にあります。

①  華城（ファソン）はソウルにありますか。

②  仏国寺(プルグクサ)も水原（スウォン）にありますか。

③  聖心堂（ソンシムダン）って何(なん)ですか。

パン屋(や)です。__________にあります。とても有名(ゆうめい)です。

HINT パン屋(や) 빵집 有名(ゆうめい)です 유명합니다

④  テジョン？それってどこですか。

⑤  パン屋はテジョンのどこにありますか。

2 지금까지 배운 표현을 사용하여 장소를 소개하는 간단한 프레젠테이션을 할 수 있습니다. 어떤 표현을 쓰면 좋을까요?

セナ:　みなさん、こんにちは。日本語日本文学科１年のキム・セナです。
発表のタイトルは「青森県」です。よろしくお願いします。
スライドを見てください。これは日本の地図です。
青森県はここで、北海道はここです。
北海道の南にあります。
青森は「ねぶたまつり」が有名です。
青森市内には「ねぶたまつり」の博物館があります。
名前は「ねぶたミュージアム　ワ・ラッセ」です。
青森駅のとなりにあります。
博物館に韓国人のガイドはいませんが、ホームページには韓国語があります。
発表は以上です。 ありがとうございました。

先生:　はい。 ありがとうございました。みなさん、質問はありますか。
学生:　はい！ 博物館の中にレストランはありますか。
セナ:　はい、１階にあります。レストランのとなりにカフェもあります。

3 스크립트내용을 확인해봅시다.

HINT 発表 발표　タイトル 제목, 타이틀　南 남쪽　市内 시내　博物館 박물관
ミュージアム 뮤지엄　ガイド 가이드　ホームページ 홈페이지　質問 질문
レストラン 레스토랑　カフェ 카페

4 위의 프레젠테이션을 참고로 해서 'あります', 'います'를 사용한 추천 관광지 소개를 일본어로 해봅시다.

みなさん、こんにちは。＿＿학과명＿＿ ＿학년＿の ＿＿이름＿＿です。

発表(はっぴょう)のタイトルは「＿＿제목＿＿」です。よろしくお願(ねが)いします。

スライドを見(み)てください。これは＿＿＿地図(ちず)です。

＿장소＿はここです。＿장소＿の[北(きた)・南(みなみ)・東(ひがし)・西(にし)]にあります。

＿장소＿は＿유명한 것·유명한 곳＿が有名(ゆうめい)です。

＿장소＿には、＿관광지＿があります。

＿장소＿の＿위치＿にあります。

____

____

発表は以上(いじょう)です。ありがとうございました。

Can-do check

사물이나 인물 등이 존재하는 장소를 설명할 수 있다.

느낀점

〉일본의 4월 풍경 알아보기

우리나라의 3월은 입학 시즌인데, 일본에서는 졸업 시즌이다. 학교에 따라 다르기는 하지만, 보통 초등학교는 3월 3~4째주, 중학교는 3월 2~3째주, 고등학교는 3월 첫째 주에 졸업식이 개최된다. 졸업식이 3월에 있는 이유는 입학식이 4월에 있기 때문인데, 일본에서 4월은 입학과 입사 시즌이다. 일본에서는 4월에 회계를 새로 시작하기 때문인데, 메이지(明治) 19년(1886년)부터 4월 1일에 회계연도가 시작되었다고 한다. 당시 일본은 에도(江戸)시대의 봉건제가 남아있어서 주요 납세자는 쌀농사를 짓는 농민들이었는데, 에도 시대에는 쌀로 납세했지만 메이지 시대부터는 쌀 대신 현금으로 내는 금납으로 제도가 바뀌게 되면서 농민들이 현금으로 납부하기 위해서는 쌀 수확을 한 후 쌀을 현금으로 바꿔야 했다. 또한 정부는 현금을 징수하고 예산을 편성하는 복잡한 과정이 있었기에 자연히 회계연도의 시작이 늦어지게 되었고, 원래 메이지 시대 일본의 학교들은 유럽과 같은 '9월 입학'을 채택했는데, 기업이나 학교도 정부의 회계연도를 고려하여 4월에 한 해의 업무를 시작하게 되었다고 한다. 세계에서 4월에 입학하는 나라는 일본 외에 인도 등 매우 드물고, 대부분의 나라에서는 9월에 입학을 한다. 한편 3월에 입학하는 나라는 우리나라를 포함하여 아르헨티나와 칠레 3개 나라이다. 한편, 4월은 벚꽃이 피는 시기로 추운 겨울이 지나고 꽃이 피는 봄은 '새로운 만남'과 '시작'을 상징하는 정서적 이미지가 매우 강한데, 일본인들에게 만개한 벚꽃 아래에서 입학식이나 입사식을 치르는 것은 인생의 새로운 단계를 시작하는 가장 아름답고 당연한 풍경으로 자리 잡고 있다.

PART 06

本当に日本語が上手ですね。

정말 일본어를 잘하네요

point!

- な형용사 어간 ＋だ
- な형용사 어간＋ではない
- な형용사 어간＋な＋명사
- な형용사 어간＋で
- ～が好きだ/嫌いだ
- ～なら
- ～が

핵심문장

静岡(しずおか)はお茶(ちゃ)で有名(ゆうめい)です。

시즈오카는 차(茶)로 유명합니다.

あの小説(しょうせつ)はあまり有名ではありません。

그 소설은 별로 유명하지 않습니다.

東野圭吾(ひがしのけいご)は有名な作家(さっか)です。

히가시노 게이고는 유명한 작가입니다.

大阪(おおさか)はたこ焼(や)きで有名で、東京(とうきょう)はもんじゃ焼きで有名です。

오사카는 다코야키로 유명하고, 도쿄는 몬자야키로 유명합니다.

私(わたし)はうどんが好(す)きです。

저는 우동을 좋아합니다.

うどんなら讃岐(さぬき)うどんが一番(いちばん)ですね。

우동이라면 사누키 우동이 최고입니다.

うどんは好(す)きですが、そばはあまり好きではありません。

우동은 좋아하지만, 메밀국수는 별로 좋아하지 않습니다.

단어와 표현

静岡(しずおか) 시즈오카　お茶(ちゃ) 차　~で ~(으)로 (이유·원인)　有名(ゆうめい)だ 유명하다　作家(さっか) 작가　もんじゃ焼(や)き 몬자야키

うどん 우동　好(す)きだ 좋아하다　*~が好きだ ~을 좋아하다　~なら ~(이)라면　一番(いちばん) 제일, 최고

~が ~이지만, ~인데　そば 메밀국수　あまり (부정 수반) 별로, 그다지

핵심문형

1 な형용사 어간 +だ　~(하)다

'な형용사'는 「有名だ」, 「便利だ」와 같이 기본형이 「~だ」로 끝나는 형용사이다. 정중형은 기본형의 어미 「だ」를 「です」로 바꾸면 된다.

- 交通が便利だ。/ 便利です。　교통이 편리하다/편리합니다.
- 田中さんはとても親切だ。/ 親切です。　다나카 씨는 매우 친절하다/친절합니다.

2 な형용사 어간 +ではない　~(하)지 않다

な형용사의 부정형은 어간에 기본형의 어미 「だ」의 부정형인 「~ではない」를 연결하면 된다. 정중한 표현은 「~ではないです」 와 「~ではありません」의 두 가지 형태가 있다. 회화에서는 보통 「~じゃない / ~じゃないです(じゃありません)」을 많이 사용한다.

- 交通が便利ではない。/ 便利ではないです（便利ではありません）。

  교통이 편리하지 않다/편리하지 않습니다.

- 田中さんはあまり親切ではない。/ 親切ではないです（親切ではありません）。

  다나카 씨는 별로 친절하지 않다/친절하지 않습니다.

3 な형용사 어간+な+명사 ~ㄴ/한

'な형용사'는 명사를 수식할 때 기본형의 어미 「だ」를 「な」로 바꾸면 된다. 'な형용사'는 명사를 수식할 때의 형태가 「~な+명사」인 것에서 붙여진 이름이다.

- テーブルの上(うえ)にきれいな花(はな)があります。 테이블 위에 예쁜 꽃이 있습니다.
- 山田(やまだ)さんはとても真面目(まじめ)な人(ひと)です。 야마다 씨는 매우 성실한 사람입니다.

4 な형용사 어간+で ~하고, ~해서

'な형용사'는 단어나 문장을 연결할 때 기본형의 어미 「だ」를 「で」로 바꾸면 된다. 즉, 「な형용사 어간+で」의 형태로 '~(하)고, ~(해)서'와 같은 열거나 이유·원인 등을 나타낸다.

- このホテルは静(しず)かで快適(かいてき)です。 이 호텔은 조용하고 쾌적합니다.
- このアプリは操作(そうさ)が簡単(かんたん)で便利(べんり)です。 이 앱은 조작이 간단해서 편리합니다.

5 ~が好きだ/嫌いだ ~을(를) 좋아하다/싫어하다

「好(す)きだ(좋아하다) / 嫌(きら)いだ(싫어하다)」 혹은 「上手(じょうず)だ(능숙하다) / 下手(へた)だ(서툴다)」 「得意(とくい)だ(자신있다) / 苦手(にがて)だ(잘 못하다)」와 같이 호불호나 잘함과 못함을 나타내는 'な형용사'의 대상은 「~が好(す)きだ」와 같이 조사 「が」를 사용한다.

- 納豆(なっとう)が好(す)きです。/ 嫌(きら)いです。 낫토를 좋아합니다/싫어합니다.
- 日本語(にほんご)が上手(じょうず)です。/ 下手(へた)です。 일본어를 잘합니다/잘하지 못합니다.
- 料理(りょうり)が得意(とくい)です。/ 苦手(にがて)です。 요리를 잘합니다/잘하지 못합니다.

6 ～なら　~(이)라면

「なら」는 '~(이)라면'이란 뜻으로, 주로 명사에 연결되어, 그것을 화제로 삼아 말할 때 사용한다.

- 温泉(おんせん)なら別府(べっぷ)が有名(ゆうめい)です。　온천이라면 벳푸가 유명합니다.
- お土産(みやげ)なら、このお菓子(かし)が人気(にんき)です。　선물이라면 이 과자가 인기입니다.

7 ～が　~(이)지만, ~인데

「~が」는 앞 뒤의 두 문장을 연결하는 접속조사로 역접이나, 본론에 들어가기 전의 도입의 역할을 한다. 종지형에 연결되며, 회화문에서는 「~けど」를 많이 사용한다.

- 失礼(しつれい)ですが、お名前(なまえ)は?　실례지만, 성함이 어떻게 되세요?
- すみませんが、トイレはどこですか。　죄송하지만, 화장실은 어디입니까?
- クリスマスは韓国(かんこく)では休(やす)みですが、日本(にほん)では休みではありません。
  크리스마스는 한국에서는 휴일이지만, 일본에서는 휴일이 아닙니다.

단어와 표현

交通(こうつう) 교통　便利(べんり)だ 편리하다　とても 매우, 대단히　親切(しんせつ)だ 친절하다　きれいだ 예쁘다, 깨끗하다
花(はな) 꽃　真面目(まじめ)だ 성실하다　ホテル 호텔　静(しず)かだ 조용하다　快適(かいてき)だ 쾌적하다　アプリ 앱　操作(そうさ) 조작
簡単(かんたん)だ 간단하다　納豆(なっとう) 낫토　料理(りょうり) 요리　温泉(おんせん) 온천　お土産(みやげ) 기념품,선물　人気(にんき) 인기　失礼(しつれい) 실례
(お)名前(なまえ) 이름, 성함　どこ 어디　クリスマス 크리스마스

대화

박승재와 스즈키가 카페로 이동하면서 수다를 떨고 있습니다.

鈴木美紀： スンジェさん、本当に日本語が上手ですね。

パク・スンジェ： え～、まだまだです。会話も作文も苦手です。特に漢字が嫌いです。鈴木さんは韓国語がとても上手です。

鈴木美紀： いえいえ、私もまだまだです。でも、私は韓国語の勉強が好きです。

パク・スンジェ: ええ！？勉強が好き？

鈴木美紀： はい、私の韓国語の先生は韓国ドラマです！

パク・スンジェ: ああ、なるほど～。好きな韓国のドラマは何ですか。

鈴木美紀： 『おつかれさま』です。主役のパク・ボゴムがとても爽やかで大好きです。

パク・スンジェ： 僕も日本のドラマは好きですが、勉強は好きじゃありません。ああ、明日も漢字テストがあります…。

鈴木美紀： それなら、今から勉強！勉強！

단어와 표현

本当に 정말로　上手だ 잘하다　まだまだです 아직 멀었어요　作文 작문　苦手だ 잘 못하다, 서툴다　特に 특히　漢字 한자　嫌いだ 싫어하다　いえいえ 아뇨 아뇨　韓国ドラマ 한국 드라마　なるほど 과연, 그렇구나　『おつかれさま』 수고했어요. (한국 드라마 "폭싹 속았수다"의 일본어명)　主役 주역　爽やかだ 상큼하다, 산뜻하다　大好きだ 매우 좋아하다　僕 나, 저 (남자가 사용하는 1인칭 대명사)　明日 내일　漢字テスト 한자 시험　それなら 그렇다면

독해

みなさん、こちらが済州島です。済州島の海はとてもきれいで有名です。有名な観光地やおしゃれできれいなカフェもたくさんあります。ただ、 済州島には地下鉄がありません。バスはありますが、バスでの観光は少し不便です。済州島観光にはレンタカーが便利です。また免税店はありますが、大きなショッピングモールやデパートはありません。済州島では豊かな自然を楽しんでください。

단어와 표현

こちら 이쪽　済州島 제주도　海 바다　観光地 관광지　おしゃれだ 멋스럽다　ただ 단, 다만
地下鉄 지하철　少し 조금　不便だ 불편하다　済州島観光 제주도 관광　レンタカー 렌터카　免税店 면세점
大きな 큰~　ショッピングモール 쇼핑몰　デパート 백화점　~で ~에서　豊かだ 풍부하다　自然 자연
~を ~을(를)　楽しんでください 즐기세요

연습문제

Can-do 잘하는 것이나 좋아하는 것에 대해 이야기할 수 있다.
장소·사람·사물의 특징을 이해하고 설명할 수 있다.

1 명사와 な형용사를 연결해서 문장 ('~은 ~입니다.', ' ~는 ~지 않습니다.')를 만들어 봅시다.

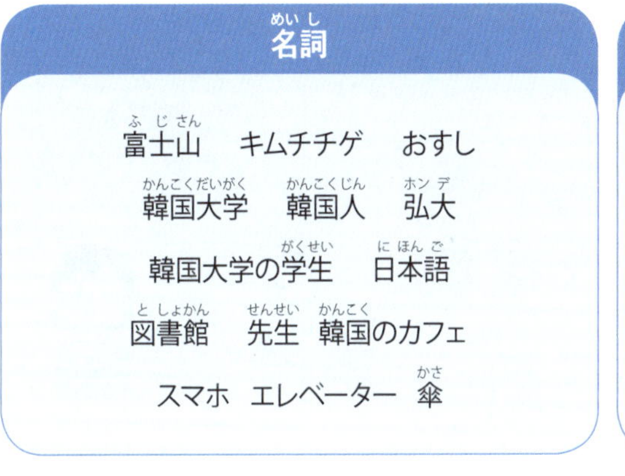

名詞(めいし)

富士山(ふじさん)　キムチチゲ　おすし
韓国大学(かんこくだいがく)　韓国人(かんこくじん)　弘大(ホンデ)
韓国大学の学生(がくせい)　日本語(にほんご)
図書館(としょかん)　先生(せんせい)　韓国(かんこく)のカフェ
スマホ　エレベーター　傘(かさ)

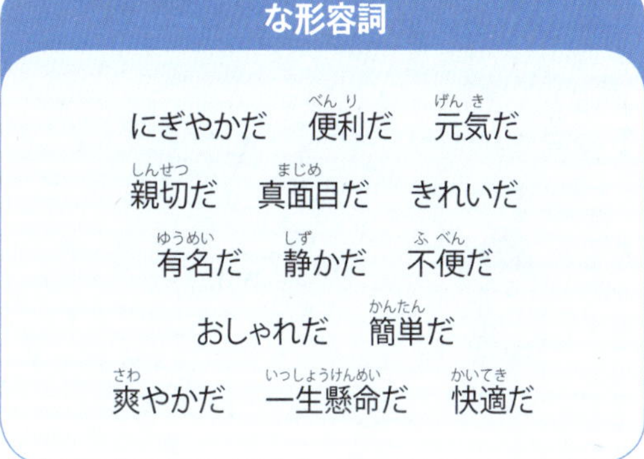

な形容詞(けいようし)

にぎやかだ　便利(べんり)だ　元気(げんき)だ
親切(しんせつ)だ　真面目(まじめ)だ　きれいだ
有名(ゆうめい)だ　静(しず)かだ　不便(ふべん)だ
おしゃれだ　簡単(かんたん)だ
爽(さわ)やかだ　一生懸命(いっしょうけんめい)だ　快適(かいてき)だ

HINT 富士山(ふじさん) 후지산　元気(げんき)だ 건강하다, 활기차다　一生懸命(いっしょうけんめい)だ 열심히 한다

2 모든 질문에 긍정형으로 대답해 봅시다.

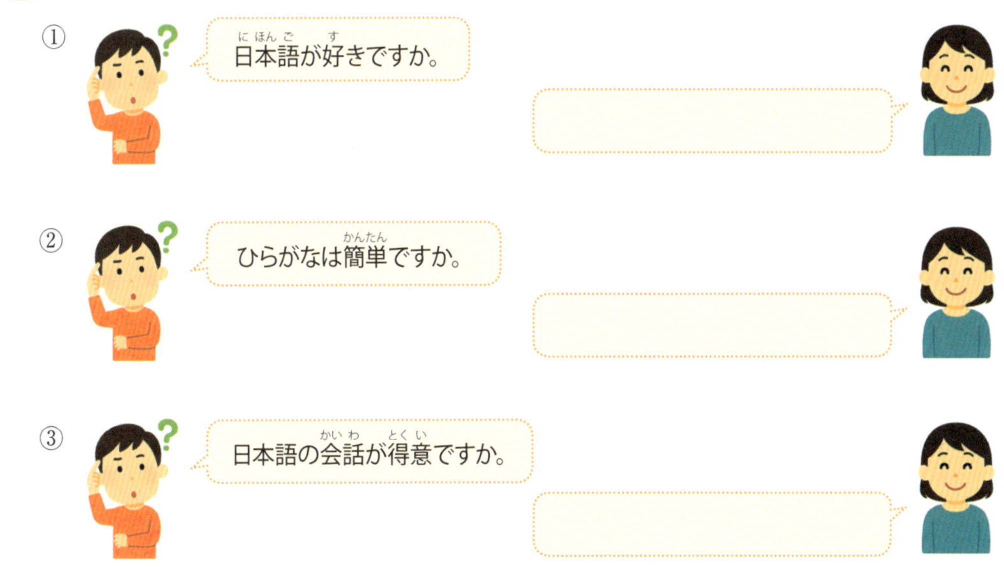

④

⑤

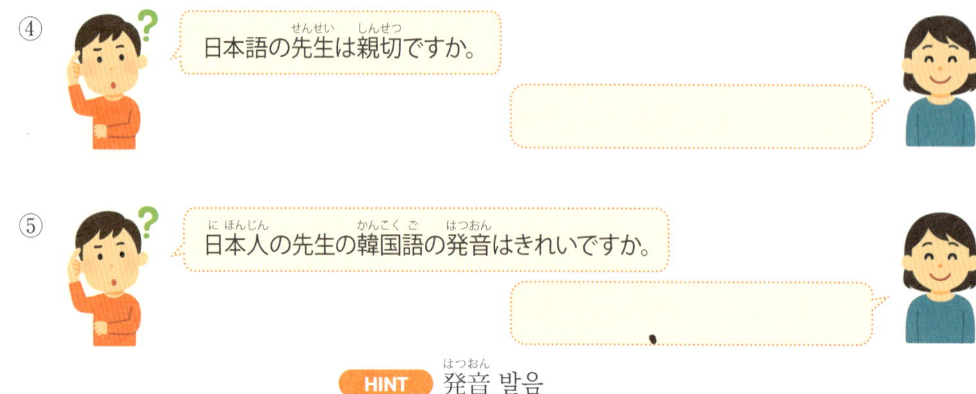

HINT 発音 발음

3 모든 질문에 부정형으로 대답해봅시다.

① 漢字の勉強は好きですか。

② 漢字は簡単ですか。

③ 英語は得意ですか。

④ 勉強は嫌いですか。

⑤ 日本語の「ざ」の発音は苦手ですか。

4 B의 대답으로 가장 자연스러운 것을 고르세요?

① A: セナさん、日本語(にほんご)が上手(じょうず)ですね。

B: (a) いいえ、上手じゃありません。

(b) いいえ、まだまだです。

(c) はい、ありがとうございます。私(わたし)は日本語が得意(とくい)です。

② A: セナさんの字(じ)、とてもきれいですね。

B: (a) いいえ、きれいじゃありません。

(b) いいえ、そんなことないです。練習中(れんしゅうちゅう)です。

(c) ありがとうございます。もっと頑張(がんば)ります！

③ A: セナさんは、いつも一生懸命(いっしょうけんめい)ですね。

B: (a) いいえ、一生懸命じゃありません。

(b) いいえ、まだまだです。

(c) ありがとうございます。もっと頑張ります。

HINT 字(じ) 글씨　練習中(れんしゅうちゅう) 연습중　もっと頑張(がんば)ります 더욱더 열심히 하겠습니다

5 な형용사와 명사를 연결해서, ＿＿＿＿＿를 설명하는 적절한 표현을 만듭시다.

な形容詞(けいようし)

便利(べんり)だ　元気(げんき)だ　おしゃれだ

親切(しんせつ)だ　真面目(まじめ)だ　一生懸命(いっしょうけんめい)だ

きれいだ　有名(ゆうめい)だ　静(しず)かだ　爽(さわ)やかだ

名詞(めいし)

大学(だいがく)　所(ところ)　歌手(かしゅ)　人(ひと)

学生(がくせい)　先生(せんせい)　俳優(はいゆう)　食(た)べ物(もの)

アプリ　バス　ドラマ

観光地(かんこうち)　作家(さっか)

HINT 所(ところ) 곳, 장소　歌手(かしゅ) 가수　人(ひと) 사람　俳優(はいゆう) 배우　アプリ 앱

① 韓国大学(かんこくだいがく)は ＿＿＿＿＿＿ です。　② 高橋先生(たかはしせんせい)は ＿＿＿＿＿＿ です。

③ キムさんは ＿＿＿＿＿＿ です。　④ ＿＿(장소)＿＿ は ＿＿＿＿＿＿ です。

⑤ ＿＿(사물)＿＿ は ＿＿＿＿＿＿ です。

6 무언가를 보고 감탄하거나 놀랐을 때 한국어로는 'OO가 △이다.'라고 표현하는 경우가 많지만, 일본어로는 'な형용사+명사'로 표현하는 경우가 많습니다. 예와 같이 표현을 해봅시다.

(예) 와! 강아지가 크다!　わあ! 大(おお)きな犬(いぬ)!

HINT 大(おお)きな 큰~

① 와! 집이 크다!　② 와! 바다가 예쁘다!　③ 와! 발음이 좋다!　④ 와! 방이 멋지다!

HINT 家(いえ) 집　部屋(へや) 방

7 일본과 한국을 비교해봅시다.

① 日本(にほん)は「おすし」で有名(ゆうめい)です。韓国(かんこく)は?

→ 日本は「おすし」で有名______、韓国は______________で有名です。

② 日本はアニメで有名です。韓国は?

→ 日本はアニメで有名______、韓国は______________で有名です。

③ 日本は富士山(ふじさん)で有名です。韓国は?

→ 日本は富士山で有名______、韓国は______________で有名です。

④ 日本は温泉(おんせん)で有名です。韓国は?

→ 日本は温泉で有名______、韓国は______________で有名です。

8 다음 な형용사를 2개 사용해서 문장을 만들어봅시다. 어떤 사람이 이상형인가요? 반대로 어떤 사람을 싫어하나요?

便利(べんり)だ ⇔ 不便(ふべん)だ	元気(げんき)だ	おしゃれだ	好(す)きだ ⇔ 嫌(きら)いだ	
親切(しんせつ)だ ⇔ 不親切(ふしんせつ)だ	真面目(まじめ)だ ⇔ 不真面目(ふまじめ)だ	一生懸命(いっしょうけんめい)だ		
きれいだ	簡単(かんたん)だ	静(しず)かだ	爽(さわ)やかだ	上手(じょうず)だ ⇔ 下手(へた)だ

HINT 不親切(ふしんせつ)だ 불친절하다　不真面目(ふまじめ)だ 불성실하다

이상형→

싫어하는 사람→

9 이유와 결과를 나타내는 문장이 되도록, 가장 적절한 표현을【　　】안에서 골라 알맞은 형태로 바꿔 보세요.

① 日本語(にほんご)は【 簡単だ ・ おしゃれだ ・ 上手だ 】好きです。

② 漢南洞(ハンナムドン)は【 親切だ ・ 真面目だ ・ おしゃれだ 】有名です。

③ このホテルのスタッフは【 不便だ ・ 親切だ ・ 便利だ 】有名です。

④ このアプリは【 便利だ ・ 不親切だ ・ 元気だ 】好きです。

⑤ このアプリは【 下手だ ・ 爽やかだ ・ 不便だ 】嫌いです。

응용연습 1

1 짝에게 질문을 해봅시다.

① 좋아하는 일본 음식 ______________ 食(た)べ物(もの)は______________か。

② 좋아하는 일본 드라마 ______________ ドラマは______________か。

③ 좋아하는 일본 가수 ______________ 歌手(かしゅ)は______________か。

④ 좋아하는 과목 ______________ 科目(かもく)は______________か。

⑤ 잘하는 과목 ＿＿＿＿＿＿＿＿＿科目は＿＿＿＿＿＿＿＿か。

⑥ 싫어하는 일본 음식 ＿＿＿＿＿＿＿＿＿食べ物は＿＿＿＿＿＿＿＿か。

⑦ 싫어하는 과목 ＿＿＿＿＿＿＿＿＿科目は＿＿＿＿＿＿＿＿か。

⑧ 일본어에 자신이 있는지 日本語(にほんご)は＿＿＿＿＿＿＿＿か。

⑨ (일본어 학습에 있어서) 무엇에 자신이 있는지 ＿＿＿＿＿＿＿＿得意(とくい)ですか。

⑩ (일본어 학습에 있어서) 무엇을 잘 못하는지 ＿＿＿＿＿＿＿＿ですか。

HINT 発音(はつおん) 발음 漢字(かんじ) 한자 文法(ぶんぽう) 문법 会話(かいわ) 회화

2 질문⑩을 다시 한번 해주세요. 대답을 듣고 조언을 해주세요.

예 A: 何(なに)が苦手(にがて)ですか。

B: 漢字(かんじ)が苦手です…。

A: それなら、このアプリ、おすすめです。

HINT おすすめです 추천합니다

3 짝과 롤플레이를 해 봅시다. 이번 과에서 배운 내용을 활용해봅시다.

A

당신은 한국인으로 일본어를 전공하는 대학생입니다. 상대방 일본인 학생의 한국어 발음이 너무 좋습니다. 칭찬해 주세요.
그리고, 좋아하는 과목이나, 일본어 공부에서 무엇을 잘하고 무엇을 잘 못하는지, 학교 교수님에 대해서 등, 일본어로 자유롭게 이야기해 주세요.

B

당신은 한국어를 공부하는 일본인 대학생입니다. 좋아하는 과목이나, 한국어 공부에서 무엇을 잘하고 무엇을 잘 못하는지, 대학교 교수님에 대해서 등, 일본어로 자유롭게 말해주세요.

✓ 한 번 도전해보고 일본어로 말하고 싶었는데 말할 수 없었던 표현이 있었나요?
사전을 찾아보거나 선생님께 물어보세요.

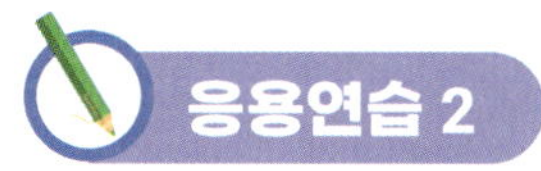

응용연습 2

1 5과에서 했던 관광지 소개 프레젠테이션에 な형용사 표현을 추가해서 더 훌륭한 발표가 될 수 있도록 준비합시다. 관광지에 대해서 추가하고 싶은 정보는 무엇입니까?

음식 [예] 青森(あおもり)はりんごで有名(ゆうめい)です

경치 [예] 博物館(はくぶつかん)の前(まえ)にはとてもきれいな海(うみ)があります。

관광지 스태프 [예] レストランの人(ひと)はとても親切(しんせつ)で、英語(えいご)も上手(じょうず)です。

기타 [예] 青森は自然(しぜん)も豊(ゆた)かで、海もきれいで、私は大好(だいす)きです。

스크립트를 작성하고 프레젠테이션을 해봅시다.

みなさん、こんにちは。___학과명___ ___학년___の___이름___です。

発表(はっぴょう)のタイトルは「___제목___」です。よろしくお願(ねが)いします。

スライドを見(み)てください。これは______地図(ちず)です。

___장소___はここです。___장소___の[北(きた)・南(みなみ)・東(ひがし)・西(にし)]にあります。

___장소___は___유명한 것·유명한 곳___で有名(ゆうめい)です。

それから、___유명한 것·유명한 곳___も有名です。

___장소___には、___관광지___があります。

___장소___の___위치___にあります。

____

____

____

____

___장소___は___な형용사___で___な형용사___で、私(わたし)は大好(だいす)きです。

発表は以上(いじょう)です。ありがとうございました。

Can-do check

잘하는 것이나 좋아하는 것에 대해 이야기할 수 있다.	👍	👍👍	👍👍👍
장소, 사람, 사물의 특징을 이해하고 설명할 수 있다.	👍	👍👍	👍👍👍

느낀점

〉대학 캠퍼스 용어 알아보기

일본의 대학 캠퍼스 라이프는 한국과 비슷하면서도, 일본 특유의 줄임말과 독특한 문화가 반영된 용어들이 많다.

한국어	일본어
수강 신청	履修登録(りしゅうとうろく)
학점	単位(たんい)
전 과목 이수	フル単(たん)
학점 드랍, F학점	落単(らくたん)
꿀강	楽単(らくたん)
대리 출석	代返(だいへん)
휴강	休講(きゅうこう)
공강	空(あ)きコマ
하루 종일 수업이 없는 날	全休(ぜんきゅう)
세미나/지도 교수 수업	ゼミ
(취미/친목)동아리/(운동부/문화부)동아리	サークル/部活(ぶかつ)(部活動(ぶかつどう))
학식(학생 식당)	学食(がくしょく) (学生食堂(がくせいしょくどう))
신입생 환영회	新歓(しんかん) (新入生歓迎会(しんにゅうせいかんげいかい))
졸업 논문	卒論(そつろん) (卒業論文(そつぎょうろんぶん))
유급	留年(りゅうねん)
취업 준비 활동	就活(しゅうかつ) (就職活動(しゅうしょくかつどう))
(기업) 합격 통보	内定(ないてい)

ビビンバ、いいですね！

비빔밥, 좋네요!

point!

- い형용사 어간 ＋い
- い형용사 어간＋くない
- い형용사기본형 ＋명사
- い형용사 어간＋くて
- ～から
- ～し
- ～んです

핵심문장

春(はる)は暖(あたた)かいです。

봄은 따뜻합니다.

3月(さんがつ)はあまり暖かくありません。

3월은 별로 따뜻하지 않습니다.

暖かい日差(ひざ)しが気持(きも)ちいいです。

따뜻한 햇살이 기분 좋습니다.

ハワイは一年中(いちねんじゅう)暖かくて、人気(にんき)があります。

하와이는 일년 내내 따뜻해서 인기가 있습니다.

今日(きょう)はバイトが休(やす)みだから、時間(じかん)があります。

오늘은 아르바이트가 쉬는 날이어서 시간이 있습니다.

雨(あめ)だし、風(かぜ)も強(つよ)いし、外出(がいしゅつ)は無理(むり)ですね。

비가 내리고, 바람도 강해서 외출은 무리네요.

甘(あま)いものが大好(だいす)きなんです。

단 것을 아주 좋아하거든요.

단어와 표현

春(はる) 봄　暖(あたた)かい (기온이나 기후 등) 따뜻하다　日差(ひざ)し 햇살, 햇볕　気持(きも)ちいい 기분 좋다
一年中(いちねんじゅう) 일년 내내　～から ~이기 때문에　時間(じかん) 시간　～し ~(이)고, ~(여)서　風(かぜ) 바람　強(つよ)い 강하다
外出(がいしゅつ) 외출　無理(むり) 무리　甘(あま)い 달다　もの 물건, 것

핵심문형

1 い형용사 어간 + い ~다

'い형용사'는 「たかい」, 「おもしろい」와 같이 어미가 「い」로 끝나는 형용사이다. 정중형은 「-い」에 「です」를 붙이면 된다.

- 学食(がくしょく)がおいしい。/おいしいです。 학식이 맛있다/맛있습니다.
- ビルが高(たか)い。/高いです。 빌딩이 높다/높습니다.

2 い형용사 어간 + くない ~지 않다

'い형용사'의 부정형은 기본형의 어미 「い」를 「く」로 바꾸고 부정을 나타내는 「ない」를 연결하면 된다. 정중한 표현은 「ないです」나 「ありません」을 연결하면 된다.

- 学食がおいしくない。/おいしくないです（おいしくありません）。 학식이 맛있지 않다/맛있지 않습니다.
- ビルが高(たか)くない。/高くないです（高くありません）。 빌딩이 높지 않다/높지 않습니다.

3 い형용사기본형 + 명사 ~ㄴ/은

'い형용사'는 기본형 「-い」의 형태로 뒤에 오는 명사를 수식한다. 즉 'い형용사'는 기본형과 명사 수식형(연체형)이 동일하다.

- 東京(とうきょう)には高いビルがたくさんあります。 도쿄에는 높은 빌딩이 많이 있습니다.
- あの赤(あか)い帽子(ぼうし)、かわいいですね。 저 빨간 모자, 귀엽네요.

4 い형용사 어간 + くて ~(이)고/~(여)서

'い형용사'는 단어나 문장을 연결할 때 'い형용사'의 어미 「い」를 「く」로 바꾸고 접속 조사 「て」를 붙이면 된다. '~(이)고, ~(여)서'와 같은 열거나 이유·원인 등을 나타낸다.

- 牛丼(ぎゅうどん)は安(やす)くておいしいです。 규동은 저렴하고 맛있습니다.
- 図書館(としょかん)は明(あか)るくていいです。 도서관은 밝아서 좋습니다.

Tip

'い형용사' 중 '좋다'라는 의미인 「良い」는 「いい」와 「よい」 두 가지로 읽을 수 있는데, 다른 단어와 연결되어 어미 「い」가 활용할 때는 「よい」를 사용한다. 즉 접속조사 「～て」와 연결할 때는 「よくて」가 된다.

- 天気(てんき)がよくて気持(きも)ちいいです。 날씨가 좋아서 기분이 좋습니다.

5 ～から ~(이)기 때문에, ~(여)서

「~から」는 '~(이)기 때문에, ~(여)서'라는 뜻으로 이유나 원인을 나타내는 접속조사이다. 문장이 끝나는 종지형에 연결되며, 추측, 주장, 금지, 명령 등 인과관계가 말하는 사람의 주관에 근거하는 경우에 자주 사용된다.

- この店(みせ)は安いから、学生(がくせい)に人気(にんき)です。 이 가게는 저렴해서 학생들에게 인기입니다.
- 山田(やまだ)さんは親切(しんせつ)だから、友達(ともだち)が多(おお)いです。 야마다 씨는 친절해서 친구가 많습니다.

6 ~し　~(이)고, ~(여)서

「~し」는 열거를 나타내는 접속조사로, '~(이)고, ~(여)서'와 같이 주로 이유를 나열할 때 사용한다. 「~し」를 단독으로 사용하기도 하는데, 그 밖에도 다른 이유가 더 있다는 뉘앙스를 가진다.

- ここは駅からも遠いし、少し不便です。　여기는 역에서도 멀고 좀 불편합니다.
- 彼はハンサムだし、性格もいいし、本当にモテモテです。
  그는 잘 생기고 성격도 좋아서 정말 인기가 많습니다.

7 ~んです　~(ㄴ)거든요, ~(ㄴ)거예요, ~예요

「~んです」는 「~のです」의 회화체 표현으로 말하는 사람이 어떤 사항에 대한 배경이나 이유 등을 설명하거나 상대방에게 관련 설명을 요구할 때 사용한다. '(ㄴ)거든요, ~(ㄴ)거예요, ~예요' 등으로 해석된다. 명사 수식형에 연결하는데, 명사에 연결될 때는 「の」에 연결되지 않고 「명사+なのです/なんです」와 같이 「な」에 연결되는 것에 주의해야 한다.

- A: どうしたんですか。　무슨 일 있어요?
  B: 頭が痛いんです。　머리가 아파요.
- A: 飲み物はビールでいいですか。　음료는 맥주로 괜찮아요?
  B: あ、すみません。今日は車なんです。　아, 죄송해요. 오늘은 차를 가지고 왔어요.

단어와 표현

学食 학식, 학생식당(学生食堂의 줄임말)　おいしい 맛있다　高い 높다, 비싸다　赤い 빨갛다　帽子 모자　かわいい 귀엽다　牛丼 규동(소고기 덮밥)　安い 싸다　明るい 밝다　いい 좋다　天気 날씨　店 가게　友達 친구　多い 많다　駅 역　遠い 멀다　彼 그, 그 사람　ハンサムだ 잘 생기다　性格 성격　モテモテ 인기가 많음　どうしたんですか 무슨 일이에요?　頭 머리　痛い 아프다　飲み物 마실 것, 음료　ビール 맥주　車 차, 자동차

대화

다나카가 김세나와 점심을 같이 먹기 위해 학교 식당 앞에서 김세나를 기다리고 있습니다.

田中桜： セナさん、こっち、こっち！

キム・セナ： あ、田中さん、こんにちは。お待たせしました。

田中桜： ううん、大丈夫です。今日のメニューはAセットがビビンバで、Bセットがカレーライスです。

キム・セナ： ビビンバ、いいですね！

田中桜： セナさんはビビンバが好きなんですか。

キム・セナ： いいえ、昨日の晩ご飯がカレーだったんです。ココイチのカレー。

田中桜： ああ、ココイチのカレー、おいしいですよね。でも、高くありませんか。

キム・セナ： はい、学生には少し高いですよね。でも、昨日はバイトの給料日だったんです。

田中桜： うわ～、うらやましい。私のバイトのお給料日は来週だから、私は安い学食のカレーで！

キム・セナ： 安くておいしい学食のカレーは私たちの味方ですね。

단어와 표현

こっち 이쪽　セット 세트　ビビンバ 비빔밥　カレーライス 카레라이스　昨日 어제　晩ご飯 저녁밥
ココイチ 카레집 "カレーハウスCoCo壱番屋"의 줄임말　カレー 카레　～ですよね ~지요?
～には ~에게는　給料日 월급날　うらやましい 부럽다　私たち 우리들　味方 우리편

독해

日本語の授業はおもしろいです。先生はやさしくて親切ですし、テキストもとても分かりやすくていいです。それから、日本語は文法もあまり難しくないし、ひらがなもやさしいです。でも、発音と漢字は難しいです。特に漢字は量も多くて、私には本当に難しいです。毎週月曜日は漢字の書き取りテストだから、日曜日は一日中漢字の練習です。『ドラえもん』ののび太君がうらやましいです。私も暗記パンが欲しいなあ…。

단어와 표현

おもしろい 재미있다　やさしい 상냥하다　テキスト 교재　分かりやすい 알기 쉽다　文法 문법
難しい 어렵다　ひらがな 히라가나　発音 발음　量 양　多い 많다　毎週 매주
書き取りテスト 쓰기 시험　日曜日 일요일　一日中 하루종일　練習 연습　『ドラえもん』 도라에몽
のび太 만화 "도라에몽" 주인공 노진구의 일본어명　～君 ~군　暗記パン 암기빵
～が欲しい ~를 갖고 싶다　～なあ ~구나, ~네(감정표출)

연습문제

Can-do 음식, 사람, 기타 사물에 대해 이야기할 수 있다. 이유를 설명할 수 있다.
일본어 학습에 대해 이야기할 수 있다.

1 명사와 い형용사를 연결해서 문장 ('~은 ~입니다.', '~는 ~지 않습니다.')를 만듭시다.

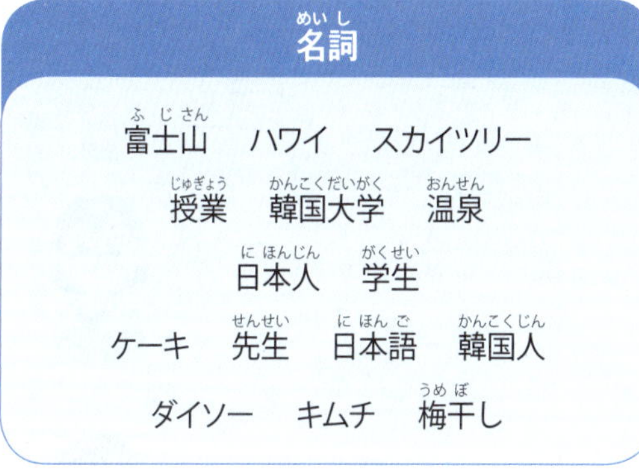

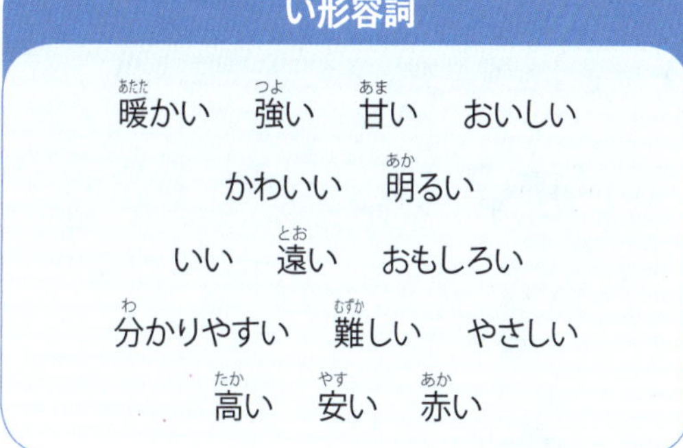

HINT ハワイ 하와이 温泉 온천 ダイソー 다이소 キムチ 김치

2 모든 질문에 긍정형으로 대답해봅시다.

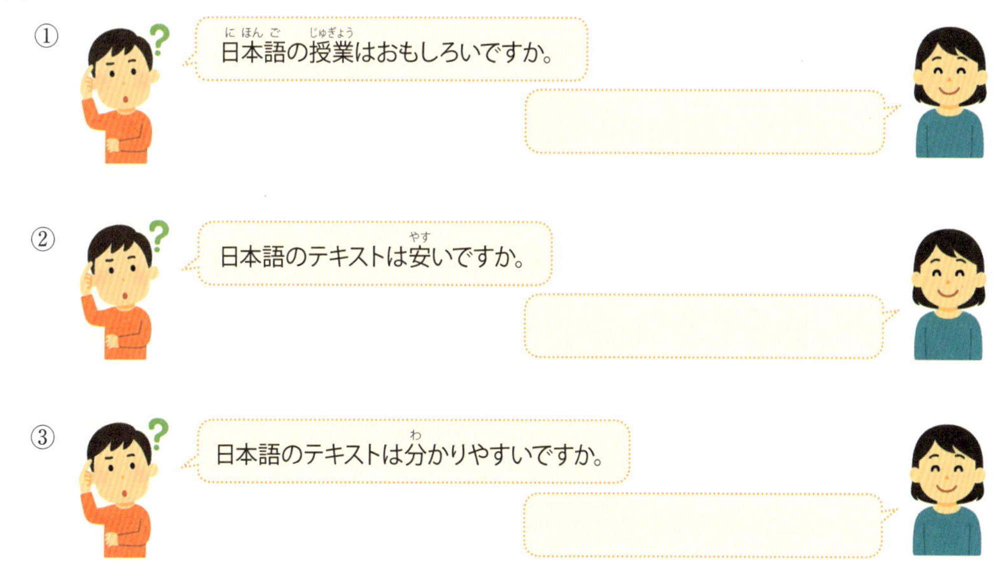

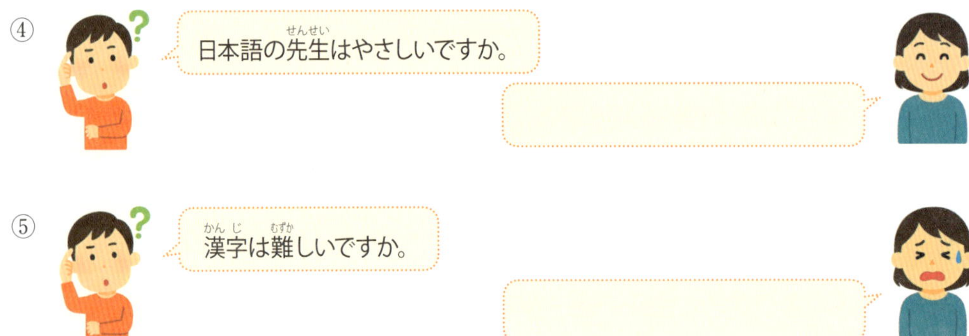

3 모든 질문에 부정형으로 대답해봅시다.

4 예와 같이 말해봅시다.

예 A: ココイチのカレー、おいしいですよね。
B: そうですよね。でも、少し高くありませんか。

① A: 日本語の授業はおもしろいですね。
B: そうですね。でも、少し 【難しい➡】＿＿＿＿＿＿＿＿。

② A: 学生食堂、安くていいですよね。
B: そうですよね。でも、少し量が【少ない➡】＿＿＿＿＿＿＿＿。

③ A: これ、おいしいですね。
B: そうですね。でも、少し【辛い➡】＿＿＿＿＿＿＿＿。

④ A: 日本語のテキスト、分かりやすいですね。
B: そうですね。でも、少し字が【多い➡】＿＿＿＿＿＿＿＿。

⑤ A: 今日、暑いですね。
B: そうですね。でも、教室の中は【涼しい➡】＿＿＿＿＿＿＿＿。

HINT 量 양 暑い 덥다 涼しい 시원하다

5 い형용사와 명사를 연결해서, ＿＿＿＿를 설명하는 적절한 표현을 만듭시다.

い形容詞	名詞
暖かい 強い おいしい いい かわいい 明るい 分かりやすい 遠い おもしろい 高い 難しい やさしい 甘い ⇔ 辛い	大学 歌手 人 学生 先生 俳優 食べ物 所 アプリ ドラマ ゲーム

① 韓国大学は ＿＿＿＿＿＿ です。 ② 高橋先生は ＿＿＿＿＿＿ です。

③ キムさんは ＿＿＿＿＿＿ です。 ④ ＿＿(장소)＿＿ は ＿＿＿＿＿＿ です。

⑤ ＿＿(사물)＿＿ は ＿＿＿＿＿＿ です。

6 예와 같이 말해봅시다.

예 とてもおいしいです。 ⇒ おいしっ!

① 安(やす)い ⇒　② 高(たか)い ⇒　③ 痛(いた)い ⇒　④ 甘(あま)い ⇒　⑤ おもしろい ⇒

7 다음 い형용사를 2개 사용해서 음식을 소개해봅시다.

おいしい ⇔ まずい	甘(あま)い ⇔ 辛(から)い	すっぱい ⇔ しょっぱい
맛있다　맛없다	달다　맵다	시다　짜다
熱(あつ)い ⇔ 冷(つめ)たい	高(たか)い ⇔ 安(やす)い	野菜(やさい)が多(おお)い ⇔ 野菜が少(すく)ない
뜨겁다　차갑다	비싸다　싸다	야채가 많다　야채가 적다

① 열거

• 辛(しん)ラーメンは【安い ・ 辛い ・ すっぱい ・ おいしい】です。

⇒ ________________ です。

• スンドゥブチゲは【熱い ・ 辛い ・ 甘い ・ 冷たい】です。

⇒ ________________ です。

・テンジャンチゲは【熱い ・ 辛い ・ すっぱい ・ しょっぱい】です。

⇒ ________________ です。

② 이유

• 冷麺(れいめん)は【冷たい ・ 辛い ・ しょっぱい ・ おいしい】です。

⇒ ________________ です。

• ビビンバは【野菜が多い ・ 冷たい ・ おいしい ・ まずい】です。

⇒ ________________ です。

• プンオッパンは【 甘い ・ すっぱい ・ しょっぱい ・ おいしい 】です。

⇒ ______________________ です。

③ 日本人には・・・

• 辛ラーメンは【 安い ・ 辛い ・ すっぱい ・ おいしい 】です。

⇒ ______________________ です。

• テンジャンチゲは【 すっぱい ・ しょっぱい ・ 熱い ・ おいしい 】です。

⇒ ______________________ です。

• 梅干(うめぼ)しは【 甘い ・ 辛い ・ すっぱい ・ まずい ・ おいしい 】です。

⇒ ______________________ です。

8 이유 와 결론 을 연결해서 문장을 만들어봅시다.

예 이유 この店(みせ)は安(やす)いです。＋ 결론 学生(がくせい)に人気(にんき)です。

⇒ この店は安いから、学生に人気です。

이유		결론
① この店は高(たか)いです。	•	• ⓐ 学生に人気がありません。
② この店のスタッフは日本語(にほんご)が上手(じょうず)です。	•	• ⓑ 学生に人気です。
③ この店は量(りょう)が多(おお)いです。	•	• ⓒ カップルに人気です。
④ この店は雰囲気(ふんいき)がいいです。	•	• ⓓ 日本人(にほんじん)に人気です。

HINT スタッフ 스태프　雰囲気(ふんいき) 분위기

9 예와 같이 '~し'를 사용한 문장으로 바꿔봅시다.

[예] 先生(せんせい)は・・・やさしい ＋ 親切(しんせつ)だ ＋ 学生(がくせい)にとても人気(にんき)だ

⇒ 先生はやさしいし、親切だし、学生にとても人気です。

① この教科書(きょうかしょ)は・・・分(わ)かりやすい ＋ 安(やす)い ＋ とてもいい

⇒

② 日本語(にほんご)は・・・文法(ぶんぽう)も難(むずか)しくない ＋ ひらがなもやさしい ＋ 勉強(べんきょう)が楽(たの)しい

⇒

③ 中国語(ちゅうごくご)は・・・発音(はつおん)も難しい ＋ 漢字(かんじ)も難しい ＋ 勉強が大変(たいへん)だ

⇒

④ アラビア語(ご)は・・・発音も難しい ＋ 文字(もじ)も難しい ＋ 文法も難しい ＋ 勉強が本当(ほんとう)に大変だ

⇒

HINT 教科書(きょうかしょ) 교과서　勉強(べんきょう) 공부　楽(たの)しい 즐겁다　大変(たいへん)だ 힘들다　本当(ほんとう)に 정말로

1 '대화'에서 공부한 표현입니다. 다시 한번 읽고 ___부분을 바꿔서 연습을 해봅시다.

田中桜(たなかさくら): 今日(きょう)のメニューはAセットがビビンバで、Bセットがカレーライスです。

セナ: ❶ビビンバ、いいですね！

田中桜: セナさんは ❷ビビンバが好(す)きなんですか。

キム・セナ: ❸いいえ、昨日(きのう)の晩(ばん)ご飯(はん)がカレーだったんです。

① ❶うわ！カレーか…　❷カレーが嫌(きら)いだ　❸はい、辛(から)いものが苦手(にがて)だ

② ❶あ、ツナビビンバ…　❷ツナが苦手だ　❸いいえ、今日の朝ご飯がツナのサンドイッチだった

③ ❶やった！ビビンバ！　❷野菜(やさい)が好きだ　❸いいえ、今(いま)、ダイエット中(ちゅう)

HINT 辛(から)いもの 매운 것　ツナ 다랑어, 참치(통조림)　朝(あさ)ご飯(はん) 아침밥　サンドイッチ 샌드위치　ダイエット中(ちゅう) 다이어트 중

2 '~んです'를 사용해서 대답해 봅시다.

A: 大丈夫(だいじょうぶ)ですか。元気(げんき)ありませんね。

B: ＿＿＿＿＿＿んです…

① 昨日(きのう)から風邪(かぜ)　② 朝(あさ)から今(いま)までテストだった　③ 今日(きょう)の朝までバイトだった

④ 寒(さむ)い　⑤ 暑(あつ)い　⑥ お腹(なか)が痛(いた)い

HINT 風邪(かぜ) 감기　バイト 바이트　寒(さむ)い 춥다　暑(あつ)い 덥다　お腹(なか) 배

A: どうしたんですか。

B: ＿＿＿＿＿んです。

⑦ 日本語(にほんご)のテストが簡単(かんたん)だった　⑧ 日本語のテストが100点(ひゃくてん)だった　⑨ 明日(あした)、デート

⑩ 動画(どうが)がすごくおもしろい　⑪ 犬(いぬ)がすごくかわいい　⑫ミュージックビデオがすごくいい

HINT 100点(ひゃくてん) 100점　デート 데이트　動画(どうが) 동영상　すごく 매우　おもしろい 재미있다

ミュージックビデオ 뮤직비디오

3 김세나는 일본 유학생인 다나카 사쿠라와 학교 식당에서 점심을 먹기 위해 학교 식당 앞에서 만난 참입니다. 이제 함께 점심을 먹을 겁니다. 메뉴를 고르면서 일본어로 이야기해봅시다.

A

당신은 일본어를 전공하는 한국 대학생입니다. 어제 아르바이트 월급날이라 금전적으로 조금 여유가 있습니다. 뿐만 아니라 오늘은 좋은 일들이 있었습니다. 하지만 일본인 유학생은 기운이 없어 보입니다. 이유를 물어보세요.

B

당신은 한국어를 공부하는 일본인 대학생입니다. 아르바이트비는 다음주에나 받을 수 있어서 금전적으로 조금 어려운 상황입니다. 그 밖에도 최근에 몸도 안 좋은데 시험도 많아서 힘들었습니다. 하지만 한국인 학생은 오늘도 생기발랄합니다. 이유를 물어보세요.

✔ 한 번 도전해보고 일본어로 말하고 싶었는데 말할 수 없었던 표현이 있었나요?
사전을 찾아보거나 선생님께 물어보세요. 「~んです。」 표현도 사용해보세요.

응용연습 2

1 다음 질문에 일본어로 대답해 봅시다.

"中間講義評価(ちゅうかんこうぎひょうか)"

① 日本語(にほんご)の授業(じゅぎょう)はどうですか。

② 先生(せんせい)はどうですか。

③ テキストはどうですか。

④ 何(なに)が難(むずか)しいですか。

⑤ 特(とく)に何が難しいですか。

⑥ 何が簡単(かんたん)ですか。

⑦ 来週(らいしゅう)は中間(ちゅうかん)テストです。土曜日(どようび)と日曜日(にちようび)は一日中(いちにちじゅう)、日本語の勉強(べんきょう)ですか。

⑧ 暗記(あんき)パンがほしいですか。

Can-do check

- 음식, 사람, 기타 사물에 대해 이야기할 수 있다.
- 이유를 설명할 수 있다.
- 일본어 학습에 대해 이야기할 수 있다.

느낀점

〉동물 세는 법 알아보기

사람이나 물건 등을 셀 때 그것에 알맞은 단위를 붙여서 말하는데, 이를 조수사(助数詞)라고 한다. 우리나라에서는 동물을 셀 때 호랑이 한 마리, 토끼 두 마리, 비둘기 세 마리와 같이 공통적으로 '마리'라는 표현을 사용하는데, 일본에서는 동물을 셀 때 다양한 조수사를 사용한다. 크게 「匹(ひき)」, 「頭(とう)」, 「羽(わ)」로 나눌 수 있는데, 먼저, 「匹」는 강아지, 고양이 등과 같이 사람이 안을 수 있는 작은 크기의 동물일 경우에 사용한다. 그리고, 「頭」는 동물 중에서 대형 포유류나 공룡같이 몸집이 큰 동물 혹은 경찰견 등과 같이 인간에게 유익한 동물을 셀 때 사용한다. 마지막으로 「羽」는 참새, 까마귀 등 조류를 셀 때 사용한다. 다만, 토끼는 조류가 아니지만 예외적으로 「羽」를 사용한다. 토끼를 세는 단위로 「羽」를 사용하게 된 계기에는 여러 설이 있는데, 토끼의 귀가 새의 날개로 보인다는 이야기, 토끼의 골격이 새를 닮았다는 이야기 등 토끼가 새를 닮았기 때문이라는 설이 일반적이다. 또한 불교에서는 네 발 달린 동물을 먹을 수 없어서 깡총깡총 뛰는 토끼를 새로 간주하여 먹었다는 설도 있다고 한다. 한편, 최근 들어 다양한 로봇이 등장하여 일상생활에서 유용하게 사용되고 있는데, 강아지 로봇은 어떻게 셀까? 실제 소니사의 '아이보'와 같은 강아지 로봇을 어떻게 세는지 조사한 결과에 따르면 「匹」, 「頭」, 「台」가 모두 사용되고 있는데, 강아지로봇을 살아있는 동물로 여길 때는 「匹」, 인간에게 유익한 존재로 여길 때는 「頭」, 단순한 상품으로 여길 때는 기계를 세는 조수사인 「台」를 사용한다고 한다.

テストはあまり難しくなかったです。

시험은 별로 어렵지 않았습니다.

point!

- い형용사 어간+かった
- い형용사 어간+くなかった
- な형용사 어간+だった
- な형용사 어간+ではなかった
- ~と ~と どちらが
- ~の中で

핵심문장

コンビニの弁当(べんとう)はおいしかった。

편의점 도시락은 맛있었다.

学食(がくしょく)はあまりおいしくなかった。

학식은 별로 맛있지 않았다.

学校(がっこう)の図書館(としょかん)は静(しず)かだった。

학교 도서관은 조용했다.

学校の前(まえ)のカフェはあまり静かではなかった。

학교 앞 카페는 별로 조용하지 않았다.

うどんとそばとどちらが好(す)きですか。

우동과 메밀 국수 중 어느 쪽을 좋아합니까?

四季(しき)の中(なか)でいつが一番(いちばん)好きですか。

사계절 중에서 언제를 가장 좋아합니까?

단어와 표현

弁当(べんとう) 도시락　前(まえ) 앞, 전　どちら 어느 쪽　四季(しき) 사계절　~の中(なか)で ~중에서　~で ~에서　いつ 언제

핵심문형

1 い형용사 어간 + かった ~았/었다

い형용사의 과거 긍정형은 기본형의 어미 「~い」를 「~かった」로 바꾸면 된다. 즉 「い형용사 어간+ かった」의 형태가 된다. 정중한 표현은 「~かった」 뒤에 「です」를 붙인 「~かったです」이다.

- 先週は出張で忙しかった。/忙しかったです。 지난주는 출장으로 바빴다/바빴습니다.
- 昨日のパーティーは楽しかった。/楽しかったです。 어제 파티는 즐거웠다/즐거웠습니다.

2 い형용사 어간 + くなかった ~지 않았다

い형용사의 과거 부정형은 현재 부정형인 「~くない」의 과거형인 「~くなかった」이다. 정중한 표현은 「~くなかったです」와 「~くありませんでした」의 두 가지 형태가 있다.

- 先週はそんなに忙しくなかった。/ 忙しくなかったです(忙しくありませんでした)。
  지난주는 그렇게 바쁘지 않았다/바쁘지 않았습니다.
- 昨日のパーティーはあまり楽しくなかった。/ 楽しくなかったです(楽しくありませんでした)。
  어제 파티는 별로 즐겁지 않았다/즐겁지 않았습니다.

Tip - い형용사문을 정리해보자.

	보통형		정중형	
	현재	과거	현재	과거
긍정	楽しい	楽しかった	楽しいです	楽しかったです
부정	楽しくない	楽しくなかった	楽しくないです 楽しくありません	楽しくなかったです 楽しくありませんでした

3 な형용사 어간 + だった ~했다

な형용사의 과거 긍정형은 기본형의 어미 「~だ」를 「~だった」로 바꾸면 된다. 정중한 표현은 기본형의 어미 「~だ」를 「です」의 과거형인 「~でした」로 바꾸면 됩니다.

- 昔、この辺りは交通が不便だった。/ 不便でした。 예전에 이 주변은 교통이 불편했다/불편했습니다.
- 子供の時はキムチが嫌いだった。/ 嫌いでした。 어렸을 때는 김치를 싫어했다/싫어했습니다.

4 な형용사 어간 + ではなかった ~(하)지 않았다

な형용사의 과거 부정형은 기본형의 어미 「~だ」를 「~ではなかった」로 바꾸면 된다. 정중한 표현은 「~ではなかったです」와 「~ではありませんでした」의 두 가지가 있다.

- 昔、この辺りは交通が便利ではなかった。/ 便利ではなかったです（便利ではありませんでした）。
  예전에 이 주변은 교통이 편리하지 않았다/편리하지 않았습니다.
- 子供の時はキムチが好きではなかった。/ 好きではなかったです（好きではありませんでした）。
  어렸을 때는 김치를 좋아하지 않았다/좋아하지 않았습니다.

Tip - な형용사문을 정리해보자.

	보통형		정중형	
	현재	과거	현재	과거
긍정	便利だ	便利だった	便利です	便利でした
부정	便利ではない	便利ではなかった	便利ではないです 便利ではありません	便利ではなかったです 便利ではありませんでした

5 ～と ～と どちらが ~와 ~와(~와 ~중) 어느 쪽이

두 개의 사물이나 사항을 비교해서 물어볼 때는 「AとBと どちらが~」라는 표현을 사용한다. 'A와 B와 (A랑 B랑) 어느 쪽이~', 'A와 B 중 어느 쪽이~'라는 뜻이다.

• A: コーヒーはホットとアイス、どちらがいいですか。

커피는 따뜻한 것과 찬 것, 어느 쪽이 좋습니까?

B: (ホットより) アイスの方(ほう)がいいです。 (따뜻한 것보다) 찬 것 쪽이 좋습니다.

• A: 夏(なつ)と冬(ふゆ)とどちらが好きですか。 여름과 겨울 중 어느 쪽을 좋아합니까?

B: 両方(りょうほう)とも好きです。 양쪽 모두 좋아합니다.

6 ～の中で ~중에서

「～の中(なか)で」는 '~중에서'란 뜻으로 3 개 이상의 사물, 사항을 비교할 때의 범위를 나타낸다. 「~の」앞에는 주로 개별 사항을 아우르는 총칭명사가 오는 경우가 많지만, 개별 사항을 나타내는 명사를 열거하기도 한다.

• A: 果物(くだもの)の中(なか)で何(なに)が一番(いちばん)好きですか。 과일 중에서 무엇을 가장 좋아합니까?

B:(果物の中で)りんごが一番好きです。 (과일 중에서) 사과를 가장 좋아합니다.

• A: りんごと梨(なし)とオレンジの中で何が一番好きですか。

사과와 배와 오렌지 중에서 무엇을 가장 좋아합니까?

B: 全部(ぜんぶ)好きです。 전부 좋아합니다.

단어와 표현

先週(せんしゅう) 지난 주 出張(しゅっちょう) 출장 忙(いそが)しい 바쁘다 パーティー 파티 楽(たの)しい 즐겁다 そんなに (부정 수반)그렇게, 그다지 辺(あた)り 근처, 주변 子供(こども) 아이 時(とき) 때 キムチ 김치 コーヒー 커피 ホット 핫 アイス 아이스 ~方(ほう) ~쪽 夏(なつ) 여름 冬(ふゆ) 겨울 両方(りょうほう)とも 양쪽 다 果物(くだもの) 과일 りんご 사과 梨(なし) 배 オレンジ 오렌지 全部(ぜんぶ) 전부

대화

중간고사가 끝나고 오랜만에 일본어 동아리 멤버들이 모여 이야기를 나누고 있습니다.

田中桜： 先週の中間テスト、どうでしたか。

キム・セナ： 日本語の文法のテストはあまり難しくなかったです。点数も良かったです。でも会話のテストは本当に難しかったです。だから点数もあまり良くなかったです。

田中桜： そうですか。じゃあ、教養科目のテストはどうでしたか。

キム・セナ： 教養の英語のテストは簡単でした。でも、「韓国伝統文化の理解」と「文学と社会」はあまり簡単じゃありませんでした。

田中桜： 「韓国伝統文化の理解」と「文学と社会」、どちらが難しかったですか。

キム・セナ： そうですね…。「文学と社会」の方が難しかったです。範囲が広かったから、試験勉強が本当に大変でした。田中さんはテスト、どうでしたか。

田中桜： 私は日本語の会話テスト以外は全部ダメでした。特に、日本文学のテストが難しかったです。

キム・セナ： 日本人にも難しいんですね…。

단어와 표현

中間テスト 중간시험　どうでしたか 어땠습니까?　文法 문법　点数 점수　だから 그래서
教養科目 교양과목　英語 영어　韓国伝統文化の理解 한국전통문화의 이해　文学と社会 문학과 사회
範囲 범위　広い 넓다　試験勉強 시험공부　大変だ 힘들다, 큰일이다　以外 의외　全部 전부
駄目だ (상황 등이) 좋지 않다　日本文学 일본문학　～にも ~에게도

독해

先週(せんしゅう)は中間(ちゅうかん)テストでした。専攻科目(せんこうかもく)より教養(きょうよう)科目の方(ほう)が簡単(かんたん)でした。教養の中(なか)で一番(いちばん)簡単(かんたん)なテストは「英語(えいご)」でした。範囲(はんい)が広(ひろ)くなかったので、試験勉強(しけんべんきょう)はあまり大変(たいへん)じゃありませんでした。結果(けっか)もそんなに悪(わる)くなかったです。専攻科目は３科目(さんかもく)がテスト、１(いっ)科目(かもく)がレポートでした。レポートの準備(じゅんび)は試験勉強より大変でした。専攻のテストの中で、会話(かいわ)のテストが一番やさしかったです。先週は中間テストとアルバイトで本当に忙(いそが)しかったです。

단어와 표현

専攻科目(せんこうかもく) 전공과목　～より ~보다　結果(けっか) 결과　悪(わる)い 나쁘다　～科目(かもく) ~과목　レポート 리포트
準備(じゅんび) 준비　やさしい 쉽다　アルバイト 아르바이트

연습문제

Can-do 지난 일에 대해서 말할 수 있다.
두 가지 또는 그 이상의 것에 대해 비교해서 설명할 수 있다.

기본 연습

1 ＿＿＿＿＿부분에서 긍정의 과거형을 사용해서 대답해주세요.

① A: 今日(きょう)、暑(あつ)いですね。

B: そうですね。でも、昨日(きのう)はもっと＿＿＿＿＿＿＿＿＿＿。

② A: 今年(ことし)は涼(すず)しいですね。

B: そうですね。でも、去年(きょねん)はもっと＿＿＿＿＿＿＿＿＿＿。

③ A: 今日、天気(てんき)、いいですね。

B: そうですね。でも、昨日はもっと＿＿＿＿＿＿＿＿＿＿。

④ A: 今日、体調(たいちょう)が少(すこ)し悪(わる)いんです。

B: え？大丈夫(だいじょうぶ)ですか。実(じつ)は私(わたし)も先週(せんしゅう)、ずっと体調が＿＿＿＿＿＿＿＿＿＿。

⑤ A: 最近(さいきん)、忙(いそが)しいですか。

B: はい、先週はとても＿＿＿＿＿＿＿＿＿＿。でも、今週(こんしゅう)は忙しくありません。

⑥ A: キムチは好(す)きですか。

B: はい。でも、子(こ)どもの時(とき)は＿＿＿＿＿＿＿＿＿＿。

⑦ A: 私(わたし)は甘(あま)いものが苦手(にがて)です。パクさんは?

B: 私もです。でも、子(こ)どもの時(とき)は＿＿＿＿＿＿＿＿＿＿?

⑧ A: この歌手(かしゅ)、有名(ゆうめい)ですか。

B: はい、有名です。でも、昔(むかし)はもっと＿＿＿＿＿＿＿＿＿＿。

⑨ A: 昨日の日本語のテストどうでしたか。

B: とっても＿＿＿＿＿＿＿＿＿＿。

⑩ A: 発表の準備はどうでしたか。

B: とっても＿＿＿＿＿＿＿＿＿＿。

HINT 今年 올해　去年 작년　体調 몸 상태　悪い 나쁘다　子どもの時 어릴 때　昔 옛날　準備 준비

2 모든 질문에 부정의 과거형으로 대답하세요.

① A: 天気はどうでしたか。暑かったですか。

B: そうですね。あまり＿＿＿＿＿＿＿＿＿＿。

② A: 物価はどうでしたか。高かったですか。

B: そうですね。あまり＿＿＿＿＿＿＿＿＿＿。

③ A: 交通費はどうでしたか。安かったですか。

B: そうですね。あまり＿＿＿＿＿＿＿＿＿＿。

④ A: ホテルはどうでしたか。よかったですか。

B: 部屋はよかったんですが、交通の便があまり＿＿＿＿＿＿＿＿＿＿。

⑤ A: 部屋はどうでしたか。広かったですか。

B: はい、広かったです。でも、バスルームはあまり＿＿＿＿＿＿＿＿＿＿。

⑥ A: バスルームはきれいでしたか。

B: はい、きれいでした。でも、タオルがあまり＿＿＿＿＿＿＿＿＿＿。

⑦ A: ホテルの周りは静かでしたか。

B: うーん、あまり＿＿＿＿＿＿＿＿＿＿。 でも、にぎやかでよかったです。

⑧ A: ホテルのスタッフは韓国語が上手でしたか。

B: はい、とても上手でした。でも、英語はあまり＿＿＿＿＿＿＿＿＿＿。

⑨ A: ホテルの予約は大変でしたか。

B: いいえ、＿＿＿＿＿＿＿＿＿＿。でも、予約の変更は大変でした。

⑩ A: 旅行の準備は大変でしたか。

B: いいえ、あまり＿＿＿＿＿＿＿＿＿＿。 このアプリ、便利ですよ。

HINT 物価 물가　高い 비싸다　交通費 교통비　ホテル 호텔　交通の便 교통편　部屋 방
バスルーム 욕실　タオル 수건, 타월　周り 주변　英語 영어　予約 예약　変更 변경

3 예와 같이 비교문을 만들고 질문에 답해봅시다.

예 A：日本の冬と韓国の冬、どちらが寒いですか。
B：韓国の冬の方が寒いです。/日本の冬より韓国の冬の方が寒いです。

① A：＿＿＿＿＿＿と＿＿＿＿＿、どちらがおいしいですか。
B：＿＿＿＿＿＿の方がおいしいです。/＿＿＿＿＿＿より＿＿＿＿＿＿の方がおいしいです。

② A：＿＿＿＿＿＿と＿＿＿＿＿、どちらがおもしろいですか。
B：＿＿＿＿＿＿の方がおもしろいです。/＿＿＿＿＿＿より＿＿＿＿＿＿の方がおもしろいです。

③ A：＿＿＿＿＿＿と＿＿＿＿＿、どちらが好きですか。
B：＿＿＿＿＿＿の方が好きです。/＿＿＿＿＿＿より＿＿＿＿＿＿の方が好きです。

④ A：＿＿＿＿＿＿と＿＿＿＿＿、どちらが楽しいですか。
B：＿＿＿＿＿＿の方が楽しいです。/＿＿＿＿＿＿より＿＿＿＿＿＿の方が楽しいです。

⑤ A：＿＿＿＿＿＿と＿＿＿＿＿、どちらがかわいいですか。
B：＿＿＿＿＿＿の方がかわいいです。/＿＿＿＿＿＿より＿＿＿＿＿＿の方がかわいいです。

⑥ A：＿＿＿＿＿＿と＿＿＿＿＿、どちらがかっこいいですか。
B：＿＿＿＿＿＿の方がかっこいいです。/＿＿＿＿＿＿より＿＿＿＿＿＿の方がかっこいいです。

⑦ A：＿＿＿＿＿＿と＿＿＿＿＿、どちらが便利ですか。
B：＿＿＿＿＿＿の方が便利です。/＿＿＿＿＿＿より＿＿＿＿＿＿の方が便利です。

⑧ A：＿＿＿＿＿＿と＿＿＿＿＿、どちらが＿＿＿＿＿＿＿ですか。

B：＿＿＿＿＿＿の方が＿＿＿＿＿です。/＿＿＿＿＿＿＿より＿＿＿＿＿＿＿の方

が＿＿＿＿＿＿です。

HINT 冬(ふゆ) 겨울　寒(さむ)い 춥다　おもしろい 재미있다　楽(たの)しい 즐겁다　かわいい 귀엽다

かっこいい 멋있다　便利(べんり)だ 편리하다

4 한국에 대한 질문에 대답해봅시다.

① 韓国料理(かんこくりょうり)の中(なか)で何(なに)が一番(いちばん)おいしいですか？

② 韓国料理の中で何が一番安(やす)くておいしいですか？

③ 韓国の観光地(かんこうち)の中でどこが一番有名(ゆうめい)ですか？

④ 韓国映画(えいが)の中で何が一番おもしろいですか？

⑤ 韓国ドラマの中で何が一番おすすめですか。

HINT 料理(りょうり) 요리　観光地(かんこうち) 관광지　映画(えいが) 영화　ドラマ 드라마　おすすめ 추천

5 일본에 대한 질문을 만들어봅시다.

예 [日本(にほん)　小説(しょうせつ)　何(なに)　好(す)きだ] ⇒ 日本の小説の中(なか)で、何が一番(いちばん)好きですか。

① [日本料理(りょうり)　何　好きだ] ⇒

② [日本料理　何　安(やす)い　おいしい] ⇒

③ [日本 観光地(かんこうち)　どこ　有名(ゆうめい)だ]　⇒

④ [日本人　歌手(かしゅ)　誰(だれ)　好きだ] ⇒

⑤ [日本ドラマ　何　おすすめ] ⇒

HINT 小説(しょうせつ) 소설　観光地(かんこうち) 관광지　歌手(かしゅ) 가수　誰(だれ) 누구

6 위의 질문을 활용해서 대화를 해봅시다.

예 A: おすしとてんぷら、どちらが好(す)きですか。

B: そうですね。 おすし の方(ほう)が好きです。

A: そうですか。じゃあ、[日本料理(にほんりょうり) 何(なに) 一番(いちばん) 好き] ⇒ 日本料理の中で何が一番好きですか。

B: とんかつです！日本のとんかつは本当(ほんとう)においしいですよ。

① A: [일본 음식 이름]__________と__________、どちらが好きですか。

B: そうですね。 __________の方が好きです。

A: そうですか。じゃあ、[日本料理 何 一番 安(やす)い おいしい] ⇒ ______________。

B: ________________________。

② A: [일본 지명]__________と__________、どちらがおもしろいですか。

B:そうですね。 __________の方がおもしろいです。

A:そうですか。

じゃあ、[日本 観光地(かんこうち) どこ 一番 有名(ゆうめい)] ⇒ ______________。

B: ________________________。

③ A: [일본 가수 이름]__________と__________、どちらが好きですか。

B: そうですね。 __________の方が好きです。

A: そうですか。

じゃあ、[日本人 歌手(かしゅ) 誰(だれ) 一番 好き] ⇒ ______________。

B: ________________________。

④ A: [일본 드라마 작품명]__________と__________、どちらがおすすめですか。

B:そうですね。 __________の方がおすすめです。

A:そうですか。

じゃあ、[日本ドラマ 何 一番 おすすめ] ⇒ ______________。

B: ________________________。

HINT てんぷら 일본 튀김 요리　とんかつ 돈까스　本当(ほんとう)に 정말로

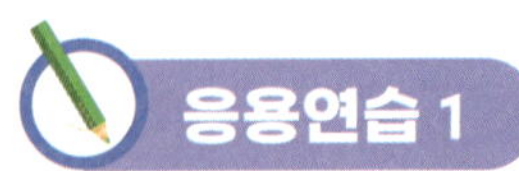

1 대학생 실태 조사를 실시합니다. 다음 질문을 일본어로 바꿔봅시다.

예 어렸을 때 게임을 좋아했는지? 지금은?
→ 子(こ)どもの時(とき)、ゲームが好(す)きでしたか。今(いま)はどうですか。

① 어렸을 때 공부를 좋아했는지? 지금은?

→

② 성적은 좋았는지? 지금은? [成績(せいせき) 성적]

→

③ 일본 애니메이션을 좋아했는지? 지금은?

→

④ 운동을 싫어했는지? 지금은? [運動(うんどう) 운동]

→

⑤ 영어를 잘했나요? 지금은? [得意(とくい)だ 잘하다]

→

⑥ 김치를 잘 못 먹었는지? 지금은? [苦手(にがて)だ 잘못하다]

→

⑦ 건강했는지? 지금은? [健康(けんこう)だ 건강하다]

→

⑧ 키는 컸는지? [背(せ)が高(たか)い 키가 크다]

→

⑨ 집에서 고등학교까지 멀었는지? [高校(こうこう) 고등학교 遠(とお)い 멀다]

→

⑩ 친구가 많았는지? [友達(ともだち) 친구, 多(おお)い 많다]

→

2 반 학생들에게 질문을 하고 결과를 보고해주세요.

예) 韓国大学の学生は子どもの時、ゲームが好きでした。今も好きです。
それから、日本のアニメは好きじゃありませんでした。今は大好きです。

응용연습 2

1 중간고사는 어땠습니까? 뭐가 어려웠고, 뭐가 쉬웠는지 어려웠던 순서대로 아래에 적어주세요. 과목명은 일본어로 어떻게 표현하는지도 알아봅시다.

← 難しかった　　　　簡単だった →

専攻科目(전공과목)：

教養科目(교양과목)：

2 시험공부는 어땠습니까? 힘들었던 이유를 아래서 고르세요.

□ 範囲が広かった　□ 試験期間中、体調が悪かった　□ バイトで忙しかった

3 시험공부가 힘들지 않았던 경우는 그 이유를 아래서 고르세요.

□ 範囲が広くなかった　□ 試験期間中、体調がよかった　□ バイトがなかった

4 실제 중간고사에 대해 짝과 말해봅시다. 두 과목을 비교해서 어떤 과목이 더 어려웠는지, 쉬웠는지, 또 가장 쉬웠던 과목, 어려웠던 과목에 대해서도 자유롭게 이야기해 봅시다. 시험 공부가 힘들었던 이유와 힘들지 않았던 이유에 대해서도 이야기해 봅시다.

한 번 도전해보고 일본어로 말하고 싶었는데 말할 수 없었던 표현이 있었나요?
사전을 찾아보거나 선생님께 물어보세요.

Can-do check

지난 일에 대해서 말할 수 있다.	👍	👍👍	👍👍👍
두 가지 또는 그 이상의 것에 대해 비교하여 설명할 수 있다.	👍	👍👍	👍👍👍

느낀점

일본의 축일(祝日) 알아보기

일본에서는 연간 총 16일의 법률로 정해진 '국민의 축일(国民の祝日)'이 있다. 우리나라는 '국경일'과 '공휴일'을 구분하지만 일본은 따로 구분하지 않고 모두 '축일(祝日)'이라고 부른다.

달	명칭	날짜
1월	설날(元日)	1월 1일
	성년의 날(成人の日)	1월 둘째 주 월요일
2월	건국기념일(建国記念日)	2월 11일
	일왕 탄생일(天皇誕生日)	2월 23일
3월	춘분의 날(春分の日)	춘분날(3월 20일~21일 경)
4월	쇼와의 날(昭和の日)	4월 29일
5월	헌법기념일(憲法記念日)	5월 3일
	녹색의 날(みどりの日)	5월 4일
	어린이 날(こどもの日)	5월 5일
6월	없음	없음
7월	바다의 날(海の日)	7월 셋째 주 월요일
8월	산의 날(山の日)	8월 11일
9월	경로의 날(敬老の日)	9월 셋째 주 월요일
	추분의 날(秋分の日)	추분날(9월 22~23일 경)
10월	스포츠의 날(スポーツの日)	10월 둘째 주 월요일
11월	문화의 날(文化の日)	11월 3일
	근로감사의 날(勤労感謝の日)	11월 23일
12월	없음	없음

みんなで韓国料理を作ります。

다 같이 한국 요리를 만듭니다.

point!

- 동사(-u/-ru)
- ～ます
- ～ました
- ～ので
- ～ために

핵심문장

朝はパンを食べる。

아침에는 빵을 먹는다.

健康のために野菜を食べます。

건강을 위해서 채소를 먹습니다.

肉料理はあまり食べません。

고기 요리는 별로 먹지 않습니다.

久しぶりにお寿司を食べました。

오래간만에 초밥을 먹었습니다.

食欲がなくて何も食べませんでした。

식욕이 없어서 아무것도 먹지 않았습니다.

テストが近いので、図書館で勉強します。

시험이 얼마 안 남아서 도서관에서 공부합니다.

단어와 표현

パン 빵　食べる ②먹다　肉料理 고기 요리　健康 건강　～のために ~을(를) 위해서　野菜 채소
久しぶりに 오래간만에　お寿司 초밥　食欲 식욕　ない 없다　何も (부정 수반)아무것도　近い 가깝다
～ので ~이기 때문에　勉強する ③공부하다

핵심문형

1 동사(-u/-ru) ~하다

일본어의 동사는 모두 「う단」(마지막 모음이 [u]음)으로 끝난다. 동사는 기본형의 형태로 술어가 되며, 명사를 수식하기도 한다.

- A: 何(なに)か食(た)べるものある? 뭔가 먹을 것 있어?
  B: うん、冷蔵庫(れいぞうこ)にサンドイッチがあるよ。 응, 냉장고에 샌드위치가 있어.
- A: 明日(あした)、コンパに行(い)く? 내일 모임에 갈 거야?
  B: うん、行くよ。 응, 갈 거야.

Tip

동사는 기본형의 형태에 따라 '1그룹동사', '2그룹동사', '3그룹동사'의 세 종류로 나뉜다.

1그룹동사	–기본형의 어미가 「行く」(가다), 「買(か)う」(사다)「読(よ)む」(읽다)와 같이 「る」이외의 음으로 끝나는 동사 –「る」로 끝날 경우에는 「ある」(있다), 「売(う)る」(팔다), 「乗(の)る」(타다)와 같이 「る」앞의 모음이 [a] [u] [o]인 동사 *예외 1그룹동사: 「入(はい)る」(들어오다, 들어가다), 「帰(かえ)る」(돌아오다, 돌아가다)와 같이 형태는 2그룹 동사이지만 1그룹 동사로 활용
2그룹동사	기본형이 「る」로 끝나고 「見(み)る」(보다), 「食べる」(먹다)와 같이 「る」앞의 모음이 [i] [e]인 동사
3그룹동사	「来(く)る」(오다), 「する」(하다)

2 ~ます ~합니다

「~ます」는 '~합니다'라는 정중을 나타내는 조동사이다. 일본어의 동사는 「~ます」를 붙여 정중한 표현을 만드는데, 「~ます」에 연결되는 동사의 형태를 ます형이라고 한다. 「~ます」의 부정형은 「~ません」으로, 부정형을 만들 때는 동사의 ます형에 「ます」 대신 「ません」을 붙이면 된다.

- A: 普段、何時に起きますか。 평소에 몇 시에 일어납니까?
  B: 7時に起きます。 7시에 일어납니다.
- A: スポーツ番組をよく見ますか。 스포츠 프로그램을 자주 봅니까?
  B: いいえ、スポーツ番組はあまり見ません。ニュース番組をよく見ます。
  아니요, 스포츠 프로그램은 별로 보지 않습니다. 뉴스 프로그램을 자주 봅니다.

Tip

동사의 종류에 따라 ます형은 달라진다.

1그룹동사	마지막 모음 [u]를 [i]로 바꾸고 「~ます」를 붙인다.
2그룹동사	어미 「る」를 떼고 「~ます」를 붙인다.
3그룹동사	「来る」는 「来ます」, 「する」는 「します」로 불규칙 활용을 한다.

3 ~ました ~했습니다

「~ます」의 과거형은 「~ました」로 '~했습니다'라는 뜻이고, 「~ません」의 과거형은 「~ませんでした」로 '~하지 않았습니다'라는 뜻이다.

- A: 週末、何をしましたか。 주말에 무엇을 했습니까?
  B: 友達と映画を見ました。 친구와 영화를 봤습니다.
- A: 週末、どこかへ行きましたか。 주말에 어딘가에 갔습니까?
  B: いいえ、どこへも行きませんでした。 아니요, 아무데도 가지 않았습니다.

4 ~ので ~이기 때문에

「~ので」는 '~(이)기 때문에'라는 원인이나 이유를 나타내는 접속조사이다. 객관적인 원인이나 이유를 나타내는 경우가 많으며, 연체형(명사 수식형)에 연결된다. 명사의 경우에는 「명사+なので」의 형태가 되므로 주의해야 한다.

- この後、予定があるので、お先に失礼します。 이 뒤에 예정이 있기 때문에 먼저 실례하겠습니다.
- ここは禁煙なので、あちらでお願いします。 여기는 금연구역이기 때문에, 저쪽에서 담배를 피우기 바랍니다.

5 ～ために　~위해서, ~이기 때문에

「~ため(に)」는 동사나 명사에 연결되어 '~위해서'라는 목적이나 '~(이)기 때문에'라는 이유를 나타낸다. 명사 수식형(연체형)에 연결된다.

- 海外旅行に行くためにパスポートを作りました。 해외여행을 가기 위해서 여권을 만들었습니다.
- 海外旅行のためにパスポートを作りました。 해외여행을 위해서 여권을 만들었습니다.

Tip

목적인지 이유인지 문맥을 파악하는 것이 중요하다.

- 妹のためにプレゼントを買いました。 여동생을 위해서 선물을 샀습니다.
- 妹のために授業に遅れました。 여동생 때문에 수업에 늦었습니다.

단어와 표현

何か 무엇인가　ある ① (사물·식물) 있다　冷蔵庫 냉장고　サンドイッチ 샌드위치　コンパ 모임, 다과회　行く ①가다　普段 평소　起きる ②일어나다　スポーツ番組 스포츠 프로그램　よく 자주　見る ②보다　ニュース番組 뉴스 프로그램　週末 주말　する ③하다　どこか 어디인가　～へ ~에, ~으로　後 후　予定 예정　お先に 먼저　失礼する ③실례하다　禁煙 금연　あちら 저쪽　～で ~에서(장소)　お願いします 부탁합니다　海外旅行 해외여행　パスポート 여권　作る ①만들다　妹 여동생　プレゼント 선물　買う ①사다　遅れる ②늦다

대화

김세나가 대학 교내를 걷고 있는데 일본어 동아리 회장이 말을 걸었습니다.

サークルの会長（かいちょう）: あ、セナさん！来週末（らいしゅうまつ）、時間（じかん）ありますか。

キム・セナ: 先輩（せんぱい）、こんにちは。来週（らいしゅう）ですか。土曜日（どようび）はバイトですが、日曜（にちよう）なら大丈夫（だいじょうぶ）です。

サークルの会長: よかった！なんと、来週の日曜日、日本（にほん）の大学生（だいがくせい）が韓国大学（かんこくだいがく）に来（き）ます。

キム・セナ: え?そうなんですか!?

サークルの会長: はい、それで日本の大学生と交流会（こうりゅうかい）をします。参加（さんか）しますか。

キム・セナ: 交流会では何（なに）をしますか。

サークルの会長: みんなで韓国料理（かんこくりょうり）を作（つく）ります。

キム・セナ: 韓国料理？何（なに）を作りますか。トッポギとか？

サークルの会長: トッポギは去年（きょねん）作りました。今年（ことし）はキンパを作ります。

キム・セナ: いいですね。私（わたし）も参加します！日本人（にほんじん）の学生（がくせい）との交流会は毎年（まいとし）ありますか。

サークルの会長（かいちょう）: はい、毎年あります。去年は日本から5人（ごにん）しか来（き）ませんでした。でも、今年はなんと20人（にじゅうにん）来（き）ます！

キム・セナ: 20人!?じゃあ、他（ほか）の1年生（いちねんせい）にも声（こえ）をかけますね！

단어와 표현

来週末（らいしゅうまつ） 다음 주말　土曜日（どようび） 토요일　大丈夫（だいじょうぶ）だ 괜찮다　なんと 놀랍게도　～に ~에 (목적지)　来（く）る ③오다
そうなんですか 그래요? 그런 거예요?　それで 그래서　交流会（こうりゅうかい） 교류회　参加（さんか） 참가　みんなで 다 함께
韓国料理（かんこくりょうり） 한국요리　トッポギ 떡볶이　～とか ~라든가　キンパ 김밥　毎年（まいとし） 매년　5人（ごにん） 5명
～しか (부정 수반) ~밖에　他（ほか） 다른　声（こえ） 목소리　かける ②걸다　*声をかける 말을 걸다, 권유하다

독해

私の一日

私の家から学校まで遠いので、朝はいつも６時半に起きます。朝ご飯はいつも食べません。今日も何も食べませんでした。家から学校までバスで行きます。バスは２回乗り換えます。学校まで約1時間半かかります。今日は１時間４０分かかりました。

午前中の授業は１１時４５分に終わります。お昼ご飯はいつも友達と学生食堂で食べます。でも、今日は友達の誕生日なので、学校の近くの和食の店に行きました。そこで私たちはとんカツを食べました。とてもおいしかったです。

午後の授業の後は、いつも学校の近くのカフェでアルバイトをします。でも、今日はバイトに行きませんでした。明日の発表の準備のために、休みました。そして、家で２時まで発表の準備をしました。

毎日忙しいですが、大学生活はとても楽しいです。

단어와 표현

一日 하루　家 집　いつも 항상　6時半 6시반　～に ~에(시간)　朝ご飯 아침밥　2回 두 번
乗り換える ②환승하다, 갈아타다　約1時間半 약1시간반　かかる ①(시간이) 걸리다, (돈이) 들다
午前中 오전 중　終わる ①끝나다　お昼ご飯 점심밥　学生食堂 학생식당　近く 근처
和食 일식, 일본요리　そこで 거기서　とんカツ 돈가스　発表 발표　休む ①쉬다　そして 그리고
毎日 매일　大学生活 대학생활

연습문제

Can-do 앞으로 할 행동, 과거에 했던 행동에 대해서 이야기할 수 있다.
매일 하는 일과에 대해서 말할 수 있다.

기본 연습

1 같은 뜻을 가진 일본어와 한국어를 연결해봅시다.

～に起きます	～を食べます	～に行きます	～をします	～を見ます
•	•	•	•	•
•	•	•	•	•
~을/를 먹습니다	~에 갑니다	~을/를 합니다	~에 일어납니다	~을/를 봅니다

2 [　　　　] 에 들어가지 않는 표현을 고르세요.

① 明日、[学校 ・ 日本 ・ 中国 ・ 好きだ] に行きます。

② 明日、[バイト ・ 勉強 ・ 便利だ ・ 準備] をします。

③ 明日、[有名だ ・ 映画 ・ 日本語 ・ ドラマ] を見ます。

④ 明日、[パン ・ おいしい ・ ご飯 ・ スンデ] を食べます。

⑤ 明日、[7時 ・ おいしい ・ 9時 ・ 漢字] に起きます。

3 다음 질문에 대답해봅시다.

① 明日、学校に行きますか。→ はい、＿＿＿＿＿＿＿＿。/ いいえ、＿＿＿＿＿＿＿＿。

② 明日、バイトをしますか。→ はい、＿＿＿＿＿＿＿＿。/ いいえ、＿＿＿＿＿＿＿＿。

③ 明日、ドラマを見ますか。→ はい、＿＿＿＿＿＿＿＿。/ いいえ、＿＿＿＿＿＿＿＿。

④ 明日、パンを食べますか。→ はい、＿＿＿＿＿＿＿＿。/ いいえ、＿＿＿＿＿＿＿＿。

⑤ 明日、7時に起きますか。→ はい、＿＿＿＿＿＿＿＿。/ いいえ、＿＿＿＿＿＿＿＿。

4 다음 질문에 대답해봅시다.

① 毎日(まいにち)、学校(がっこう)に行(い)きますか。→ はい、 ________________。/ いいえ、 ________________。

② 毎日、バイトをしますか。→ はい、 ________________。/ いいえ、 ________________。

③ 毎日、ドラマを見(み)ますか。→ はい、 ________________。/ いいえ、 ________________。

④ 毎日、パンを食(た)べますか。→ はい、 ________________。/ いいえ、 ________________。

⑤ 毎日、7時(じ)に起(お)きますか。→ はい、 ________________。/ いいえ、 ________________。

5 다음 질문에 표를 참고해서 대답해봅시다.

	Mon	Tue	Wed	Thu	Fri	Sat	Sun
① 学校(がっこう)	○	○	○	○	×	×	×
② バイト	×	×	×	×	○	○	○
③ ドラマ	○	○	×	×	○	×	×
④ お酒(さけ)	×	×	×	×	○	×	×
⑤ 7時(しちじ)	○	○	×	○	○	×	×

① 毎日(まいにち)、学校(がっこう)に行(い)きますか。→ いいえ、 ________________。

________________________学校に行きます。

② 毎日、バイトをしますか。 → いいえ、 ________________。

________________________バイトをします。

③ 毎日、ドラマを見(み)ますか。 → いいえ、 ________________。

________________________ドラマを見ます。

④ 毎日、お酒(さけ)を飲(の)みますか。 → いいえ、 ________________。

________________________お酒を飲みます。

⑤ 毎日、7時(しちじ)に起(お)きますか。→ いいえ、 ________________。

________________________に起きます。

6 다음 질문에 [　] 안의 표현을 사용해서 대답해봅시다.

① 朝(あさ)ご飯(はん)はいつも何時(なんじ)に食(た)べますか。 → [8:00]

② 昼(ひる)ご飯(はん)はいつも何時に食べますか。 → [12:00]

③ 晩(ばん)ご飯(はん)はいつも何時に食べますか。 → [7:00]

④ 朝ご飯はいつもどこで食べますか。 → [家(いえ)]

⑤ 昼ご飯はいつもどこで食べますか。 → [学生食堂(がくせいしょくどう)]

⑥ 晩ご飯はいつもどこで食べますか。 → [友達(ともだち)の家(いえ)]

⑦ 朝ご飯はいつも何(なに)を食べますか。 → [パン]

⑧ 昼ご飯はいつも何を食べますか。 → [キンパとラーメン]

⑨ 晩ご飯はいつも何を食べますか。 → [ご飯(はん)とスープとキムチ]

⑩ 朝ご飯はいつも誰(だれ)と食べますか。 → [一人(ひとり)で]

⑪ 昼ご飯はいつも誰と食べますか。 → [先輩(せんぱい)]

⑫ 晩ご飯はいつも誰と食べますか。 → [友達(ともだち)]

HINT 朝(あさ)ご飯(はん) 아침밥　昼(ひる)ご飯(はん) 점심밥　晩(ばん)ご飯(はん) 저녁밥　家(いえ) 집　キンパ 김밥　ラーメン 라면　スープ 국, 수프　一人(ひとり)で 혼자서

7 다음 질문에 대답해봅시다.

주의: ①~⑤ 부정은 '~ませんでした'로 대답하고 ⑥~⑨ 부정은 'まだです'로 대답하세요

① 昨日(きのう)、学校(がっこう)に行(い)きましたか。→ はい、＿＿＿＿＿＿＿＿。/ いいえ、＿＿＿＿＿＿＿＿。

② 昨日、バイトをしましたか。→ はい、＿＿＿＿＿＿＿＿。/ いいえ、＿＿＿＿＿＿＿＿。

③ 昨日、映画(えいが)を見(み)ましたか。→ はい、＿＿＿＿＿＿＿＿。/ いいえ、＿＿＿＿＿＿＿＿。

④ 昨日、パンを食(た)べましたか。→ はい、＿＿＿＿＿＿＿＿。/ いいえ、＿＿＿＿＿＿＿＿。

⑤ 昨日、8時に起きましたか。→ はい、＿＿＿＿＿＿＿＿。/いいえ、＿＿＿＿＿＿＿＿。

⑥ [점심시간인데 도서관에 있는 사람에게]

昼ご飯は食べましたか。→ はい、＿＿＿＿＿＿＿＿。/ いいえ、＿＿＿＿＿＿＿＿。

⑦ [영화관 앞에서 영화 홍보 포스터를 보면서]

この映画、もう見ましたか。→ はい、＿＿＿＿＿＿＿＿。/ いいえ、＿＿＿＿＿＿＿＿。

⑧ [숙제 마감 전날에]

宿題は終わりましたか。→ はい、＿＿＿＿＿＿＿＿。/ いいえ、＿＿＿＿＿＿＿＿。

⑨ [내일 발표를 해야 하는 학생에게]

資料は作りましたか。→ はい、＿＿＿＿＿＿＿＿。/いいえ、＿＿＿＿＿＿＿＿。

HINT 宿題 숙제 資料 자료 作る ①만들다

8 예와 같이'ので'를 사용해서 이유도 말해봅시다.

예 **이유** 家から学校が遠い ＋ **결론** 朝はいつも６時半に起きます。

⇒ 家から学校が遠いので、朝はいつも6時半に起きます。

이유	결론
① 学校が近い	ⓐ いつも１０時半に起きます。
② 日本語が難しい	ⓑ いつも３時ごろ寝ます。
③ 火曜日は朝９時から授業	ⓒ 図書館で勉強します。
④ 土曜日は夜１２時までバイト	ⓓ いつも６時半に起きます。
⑤ 明日、テストがある	ⓔ カラオケに行きました。
⑥ 今日は友達の誕生日	ⓕ 朝ご飯は食べません。

① 学校が近い＿＿＿＿＿＿＿＿＿＿＿＿＿＿。

② 日本語が難しい＿＿＿＿＿＿＿＿＿＿＿＿＿＿。

③ 火曜日は朝9時から授業＿＿＿＿＿＿＿＿＿＿＿＿＿＿。

④ 土曜日は夜12時までバイト＿＿＿＿＿＿＿＿＿＿＿＿＿＿＿。

⑤ 明日、テストがある＿＿＿＿＿＿＿＿＿＿＿＿＿＿＿＿＿＿。

⑥ 今日は友達の誕生日＿＿＿＿＿＿＿＿＿＿＿＿＿＿＿＿＿＿。

HINT ～ごろ ~경　図書館(としょかん) 도서관　カラオケ 노래방

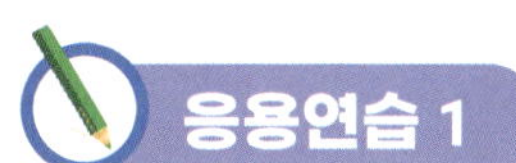

응용연습 1

1 일본의 대학생과 교류회를 한다면 무엇을 하고 싶습니까? 먼저 표현을 정리해봅시다.

	～ます	～ません	～ました	～ませんでした
漢江(ハンガン)に行(い)く 한강에 가다				
日本料理(にほんりょうり)を作(つく)る 일본요리를 만들다				
ドラマを見(み)る 드라마를 보다				
韓国伝統茶(かんこくでんとうちゃ)を飲(の)む 한국전통차를 마시다				
韓国(かんこく)ラーメンを食(た)べる 한국 라면을 먹다				
日韓関係(にっかんかんけい)について話(はな)す 한일관계에 대해서 이야기하다				
J-POPを歌(うた)う J-POP을 부르다				

2 교류회에서 무엇을 할지, 작년에는 무엇을 했는지, 하지 않았는지 이야기해봅시다.

예 A：日本(にほん)の大学生(だいがくせい)と交流会(こうりゅうかい)をします。参加(さんか)しますか。

B：はい、します！交流会では何(なに)をしますか。

A：みんなで漢江(ハンガン)に行(い)きます！

B：そうですか。いいですね。去年(きょねん)は何(なに)をしましたか。

A: 去年(きょねん)は日本料理(にほんりょうり)を作(つく)りました。

B: 日本料理?おすしを作りましたか。

A: いいえ、おすしは作りませんでした。おにぎりを作りました。

3 다음 주 일요일에 일본 대학생이 한국대학교에 와서 교류회를 하게 되었습니다. '대화'를 참고해서 자유롭게 이야기해봅시다.

A

당신은 일본어 동아리 회장입니다. 다음주 일요일에 일본 대학생이 와서 교류회를 합니다. 동아리 후배에게 교류회에 참가할지 물어보세요. 또, 금년의 교류에 대해서(내용, 일본에서 몇명이 오는지 등) 이야기해 주세요.

B

당신은 일본어를 전공하는 학생입니다. 모든 활동에 항상 적극적으로 참여하고 있습니다.

한 번 도전해보고 일본어로 말하고 싶었는데 말할 수 없었던 표현이 있었나요?
사전을 찾아보거나 선생님께 물어보세요.

응용연습 2

1 「私(わたし)の一日(いちにち)」라는 제목으로 간단한 스피치를 하기 위해 짝과 함께 준비를 합시다. 짝에게 다음 항목에 대해 물어보려면 어떻게 질문하면 될까요?

① 일어나는 시간/그 이유 [何時(なんじ) 起(お)きる どうして] →

② 아침을 먹을지, 안 먹을지 [朝(あさ)ご飯(はん) 食(た)べる] →

③ 먹을 경우 무엇을 먹는지 [何(なに)] →

④ 학교까지의 교통수단 [何(なに)で 行(い)く] →

⑤ 소요 시간 [何時間(なんじかん) かかる] →

⑥ 오전 수업이 끝나는 시간 [午前中(ごぜんちゅう) 授業(じゅぎょう) 終(お)わる] →

⑦ 점심을 어디서 먹을지 [昼(ひる)ご飯(はん) どこで] →

⑧ 점심을 누구와 먹을지 [昼ご飯 誰(だれ)と] →

⑨ 점심을 무엇을 먹을지 [昼ご飯 何(なに)を] →

⑩ 오후 수업 후에 무엇을 할 것인가 [午後(ごご)の授業(じゅぎょう)の後(あと)] →

⑪ 집에 돌아갈 시간 [家(いえ)に帰(かえ)る] →

⑫ 대학 생활에 대해서 느낀 점 [どうですか] →

2 위 질문을 짝에게 해봅시다.

3 '독해'를 참고하여 '나의 하루' 스피치 원고를 준비합시다. 'ので'를 사용해서 이유도 이야기해봅시다.

私(わたし)の一日(いちにち)

私の家(いえ)から学校(がっこう)まで＿＿＿＿＿＿ので、朝(あさ)はいつも＿＿＿＿＿＿＿に起(お)きます。朝(あさ)ご飯(はん)は

いつも＿＿＿＿＿＿＿＿＿＿＿＿。今日(きょう)＿＿＿＿＿＿＿＿＿＿＿＿＿＿＿。

家から学校まで＿＿＿＿＿＿＿＿＿＿行(い)きます。学校まで＿＿＿＿＿＿＿＿＿＿＿＿かか

ります。今日(きょう)は＿＿＿＿＿＿＿＿＿かかりました。

午前中(ごぜんちゅう)の授業(じゅぎょう)は＿＿＿＿＿＿＿＿に終(お)わります。お昼(ひる)ご飯(はん)はいつも＿＿＿＿＿と＿＿＿＿＿で＿＿＿＿＿を食(た)べます。でも、今日は＿＿＿＿＿＿＿ので、＿＿＿＿＿＿＿＿＿＿＿＿＿＿。そこで＿＿＿＿＿＿＿＿＿＿を食べました。とてもおいしかったです。

午後(ごご)の授業の後(あと)は、いつも＿＿＿＿＿＿＿＿＿＿＿をします。でも、今日は＿＿＿＿＿＿＿＿＿＿＿＿。＿＿＿＿＿＿＿＿＿＿のために、＿＿＿＿＿＿＿＿＿。そして、＿＿＿＿＿＿＿＿＿＿＿＿。

＿＿＿＿＿＿＿＿＿＿＿＿、大学生活(だいがくせいかつ)は＿＿＿＿＿＿＿＿＿＿＿＿＿＿＿＿＿。

✓ 한 번 도전해보고 일본어로 말하고 싶었는데 말할 수 없었던 표현이 있었나요? 사전을 찾아보거나 선생님께 물어보세요.

Can-do check

앞으로 할 행동, 과거에 했던 행동에 대해 이야기할 수 있다.	👍	👍👍	👍👍👍
매일에 하는 일과에 대해서 말할 수 있다.	👍	👍👍	👍👍👍

느낀점

〉인터넷 용어 알아보기

일본 웹사이트나 SNS를 이용할 때 자주 보게 되는 핵심 기능 용어들을 알아보자

한국어	일본어
답글	へんしん 返信, リプライ(リプ)
댓글	コメント
좋아요	いいね
공유하기	きょうゆう 共有, シェア
저장/북마크	ほ ぞん 保存/ブックマーク
게시(포스팅) 하기	とうこう 投稿
로그인/로그아웃	ログイン/ログアウト
회원가입(신규 등록)	しん き とうろく 新規登録
알림	つう ち 通知
업데이트(새로고침)	こうしん 更新
로딩 중	よ こ ちゅう 読み込み中
읽음/읽지 않음	き どく み どく 既読/未読
팔로우	フォロー
팔로워	フォロワー
맞팔로우	そう ご 相互フォロー
차단	ブロック
신고하기	つうほう 通報

東京に「聖地巡礼」をしに行きたいです。

도쿄에 '성지 순례'를 하러 가고 싶습니다.

point!

- ~ませんか
- ~ましょう
- 동사ます형+に行く
- 동사ます형+ながら
- 동사ます형+たい
- ~そうだ

핵심문장

お茶(ちゃ)でも飲(の)みませんか。

차라도 마시지 않겠습니까?

ちょっと休(やす)みましょう。

좀 쉽시다.

コンビニへプリンを買(か)いに行(い)きます。

편의점에 푸딩을 사러 갑니다.

音楽(おんがく)を聞(き)きながら散歩(さんぽ)をします。

음악을 들으면서 산책을 합니다.

豚骨(とんこつ)ラーメンが食(た)べたいです。

돈코쓰 라면을 먹고 싶습니다.

今(いま)にも雨(あめ)が降(ふ)りそうです。

당장에라도 비가 내릴 것 같습니다.

단어와 표현

～でも ~라도　飲(の)む ①마시다　ちょっと 좀, 조금　プリン 푸딩　～に行(い)く ~하러 가다　音楽(おんがく) 음악　聞(き)く ①듣다　～ながら ~하면서　散歩(さんぽ) 산책　する ③하다　豚骨(とんこつ)ラーメン 돈코쓰 라면(돼지뼈 라면)　～たい ~하고 싶다　今(いま)にも 당장에라도　降(ふ)る ①내리다　～そうだ ~(일) 것 같다, ~(아/어) 보인다

핵심문형

1 ~ませんか　~하지 않겠습니까?

「~ませんか」는 '~하지 않겠습니까? ~하지 않을래요?'라는 뜻으로 상대방에게 어떤 것을 함께 할 것을 권유하거나 제안할 때 사용한다.

- 授業の後、カラオケに行きませんか。　수업 후에 노래방에 가지 않겠습니까?
- 今日は図書館で勉強しませんか。　오늘은 도서관에서 공부하지 않겠습니까?

2 ~ましょう　~합시다

「~ましょう」는 동사의 정중을 나타내는 「~ます」의 권유형이다. '~합시다'라는 뜻으로 상대방에게 어떤 것을 함께 할 것을 권유하거나 제안할 때 사용한다. 보다 정중하게 상대방의 의향을 물으며 권유하거나 제안할 때는 '~할까요?'라는 뜻의 「~ましょうか」를 사용한다.

- もう9時ですね。そろそろ帰りましょう。　벌써 9시네요. 이제 슬슬 돌아갑시다.
- お昼は和食にしましょうか。　점심은 일식으로 할까요?

3 동사ます형 + に行く　~하러 가다

동사ます형에 조사 「に」를 연결하여 '~하러'라는 행위의 목적을 나타낼 수 있다. 보통 「~に行く」나 「~に来る」와 같이 이동을 나타내는 동사와 함께 사용한다.

- 図書館へ本を借りに行きます。　도서관에 책을 빌리러 갑니다.
- 来週、友達が東京へ遊びに来ます。　다음 주, 친구가 도쿄에 놀러 옵니다.

조사「に」는 동사 ます형 외에「食事」,「散歩」,「買い物」등과 같은 동작성 명사에 연결되어 행위의 목적을 나타낼 수도 있다.

- 一緒に食事に行きませんか。　　함께 식사하러 가지 않겠습니까?

4 동사ます형 + ながら　~하면서

「~ながら」는 '~하면서'란 뜻으로 동사ます형에 연결되어 두 동작이 동시에 이루어짐을 나타낸다.

- YouTubeを見ながらご飯を食べます。　　유튜브를 보면서 밥을 먹습니다.
- お茶でも飲みながら話しましょうか。　　차라도 마시면서 이야기할까요?

5 동사ます형 + たい　~하고 싶다

「~たい」는 '~하고 싶다'라는 뜻의 い형용사로 동사ます형에 연결되어 말하는 사람의 희망이나 욕구를 나타낸다.

- 夏休みは海外旅行に行きたいです。　　여름방학에는 해외여행을 가고 싶습니다.
- 週末はゆっくり寝たいです。　　주말에는 푹 자고 싶습니다.

희망이나 욕구의 대상물을 강조할 때는 보통 조사「が」를 사용한다.

- そばが食べたい。　　메밀 국수를 먹고 싶다

6 ~そうだ　~(일) 것 같다, ~(아/어)보인다

「~そうだ」는 '~(일) 것 같다, ~(아/어) 보인다'라는 뜻으로 말하는 이가 보거나 들은 것에 근거하여 불확실하지만 그럴 것 같다는 추측을 나타낸다. 동사는 ます형에 연결되고 형용사는 어간에 연결된다.

- あのかばん、高(たか)そうですね。　저 가방 비싸 보이네요.
- あの二人(ふたり)、幸(しあわ)せそうですね。　저 두 사람 행복해보이네요.

Tip

い형용사 중「ない」와「いい/よい」는 추측을 나타내는「そうだ」와 연결될 때「なさそうだ」와「よさそうだ」와 같이「さ」가 추가되니 주의해야 한다.

- 時間(じかん)がなさそうだ。 시간이 없어 보인다.
- 頭(あたま)がよさそうだ。 머리가 좋아 보인다.

단어와 표현

カラオケ 가라오케, 노래방　そろそろ 슬슬　帰(かえ)る ①돌아오다, 돌아가다　お昼(ひる) 점심
~にする ~(으)로 하다　借(か)りる ②빌리다　来週(らいしゅう) 다음 주　遊(あそ)ぶ ①놀다　YouTube(ユーチューブ) 유튜브
話(はな)す ①이야기하다　夏休(なつやす)み 여름방학　海外旅行(かいがいりょこう) 해외여행　週末(しゅうまつ) 주말　ゆっくり 천천히, 느긋하게
寝(ね)る ②자다　幸(しあわ)せだ 행복하다　時間(じかん) 시간

대화

박승재와 스즈키 미키가 카페에 와서 공부를 하다가 쉬면서 수다를 떨고 있습니다.

パク・スンジェ： あと一ヶ月で夏休みですね。夏休み、待ち遠しいな。

鈴木美紀： でも、その前に期末テストがありますよ。

パク・スンジェ： 確かに…でも、去年は受験で、夏休みは一日中、勉強、勉強だったから、今年は遊びたいです！

鈴木美紀： 大学の夏休みは長いですよ。何がしたいですか。

パク・スンジェ： 東京に「聖地巡礼」をしに行きたいです。『スラムダンク』の鎌倉や『君の名は。』の諏訪湖や、それから『鬼滅の刃』の八幡竈門神社に行きたいです。主題歌を聞きながら、聖地を歩きたいです。

鈴木美紀： 【일본지도를 보여 주면서】鎌倉も諏訪湖も『鬼滅の刃』の神社も全部東京じゃありませんよ。鎌倉はここで、諏訪湖はここで、それから八幡竈門神社は大分県にあります。ここが大分県です。旅行は10日ぐらいの予定ですか。

パク・スンジェ： いえいえ、まさか！ ２泊３日ぐらい？

鈴木美紀： ああ、無理です。お金もすごくかかりそうですよ。交通費と宿泊費と食事代で２０万円ぐらいかな…。

パク・スンジェ： ええ？20万円も？そんなお金ありません…。

鈴木美紀： 大丈夫ですよ。東京にも有名なアニメの聖地が結構ありますよ。

단어와 표현

あと 앞으로　一ヶ月(いっかげつ) 한달　～で ~(으)로(범위)　待(ま)ち遠(どお)しい (빨리 왔으면 하고)기다려지다

その前(まえ)に 그전에　期末(きまつ)テスト 기말시험　確(たし)かに 확실히, 맞아　受験(じゅけん) 수험　長(なが)い 길다　聖地巡礼(せいちじゅんれい) 성지 순례

『スラムダンク』 슬램덩크　鎌倉(かまくら) 가마쿠라　『君(きみ)の名(な)は。』 너의 이름은　諏訪湖(すわこ) 스와호

『鬼滅(きめつ)の刃(やいば)』 귀멸의 칼날　八幡竈門神社(はちまんかまどじんじゃ) 하치만 카마도 신사　主題歌(しゅだいか) 주제곡　歩(ある)く ①걷다

大分県(おおいたけん) 오이타현　旅行(りょこう) 여행　10日(とおか) 10일　予定(よてい) 예정　まさか 설마　2泊3日(にはくみっか) 2박3일　お金(かね) 돈

交通費(こうつうひ) 교통비　宿泊費(しゅくはくひ) 숙박비　食事代(しょくじだい) 식사비　２０万円(にじゅうまんえん) 20만엔　～も ~(이)나　そんな 그런

アニメ 애니메이션(アニメーション의 줄임말)　結構(けっこう) 제법, 충분히

독해

日本語サークルで一緒に日本語を勉強しませんか。

日本人留学生と交流しながら、日本語を楽しく勉強しましょう！

活動内容：毎週月曜日に活動します！

(テストの前の週とテスト期間は活動しません。)

年に２回、日本センターに日本映画を見に行きます。

学期中に２回、和食の店に日本の家庭料理を食べに行きます。

月に１回カラオケに J-POPを歌いに行きます。

参加申し込み：nihongoclub@mju.ac

단어와 표현

一緒に 함께, 같이　交流する ③교류하다　活動内容 활동내용　毎週 매주　前の週 전 주
テスト期間 시험기간　年に２回 1년에 두 번　センター 센터　日本映画 일본영화　学期中 학기 중
家庭料理 가정요리　月に１回 한달에 한 번　歌う ①노래하다　参加申し込み 참가신청

연습문제

Can-do 목적지에 가는 목적을 말할 수 있다.
상대방이 하는 말에 본인의 소감을 말할 수 있다.
본인의 희망을 말할 수 있다.
상대방에게 권유,제안을 할 수 있다.

1 동일한 뜻의 일본어와 한국어를 연결해봅시다.

飲(の)みたい　買(か)いたい　食(た)べたい　遊(あそ)びたい　見(み)たい　したい　帰(かえ)りたい　行(い)きたい

・　・　・　・　・　・　・　・

・　・　・　・　・　・　・　・

사고 싶다　가고 싶다　하고 싶다　집에 가고 싶다　마시고 싶다　보고 싶다　놀고 싶다　먹고 싶다

2 ______에 ~たい를 넣어서 문장을 완성해봅시다.

① A: 暑(あつ)いですね。

B: そうですね。アイスコーヒー ____________です。

② A: セール中(ちゅう)ですよ。

B: そうですね。かわいいTシャツ____________です。

③ A: うわ~、さすがホテルのビュッフェ!

B: 本当(ほんとう)ですね。あ、私、あのステーキ__________________です。

④ A: もう11時ですね 。

B: そうですね。早(はや)く家(いえ)_______________です。

⑤ A: お金(かね)がありません。

B: 私(わたし)もです。バイト______________です。何(なに)かいいバイト、ありませんか。

HINT アイスコーヒー 아이스커피　セール中(ちゅう) 세일중　Tシャツ 티셔츠
ビュッフェ 뷔페　ステーキ 스테이크　早(はや)く 빨리　お金(かね) 돈　何(なに)か 뭔가

3 예 와 같이 '~しに行きたいです' 문장을 만들어봅시다.

예 가고 싶은 곳 東京 목적 聖地巡礼をする

→ 東京に「聖地巡礼」をしに行きたいです。

① 가고 싶은 곳 東京の築地 목적 おすしを食べる

→

② 가고 싶은 곳 広島 목적 もみじまんじゅうを食べる

→

③ 가고 싶은 곳 高知 목적 カツオのたたきを食べる

→

④ 가고 싶은 곳 北海道 목적 ラベンダーを見る

→

⑤ 가고 싶은 곳 兵庫 목적 姫路城を見る

→

⑥ 가고 싶은 곳 静岡 목적 富士山を見る

→

⑦ 가고 싶은 곳 大阪のUFJ 목적 遊ぶ

→

⑧ 가고 싶은 곳 青森 목적 ねぶた祭りを体験する

→

⑨ 가고 싶은 곳 新潟 목적 スキーをする

→

HINT カツオのたたき 가다랑어 짚불구이　ラベンダー 라벤더　姫路城 히메지성
体験する ③체험하다　スキーをする 스키를 타다

4 왼쪽과 오른쪽 표현을 'ながら'를 사용해서 연결해봅시다.

[예] 私は音楽(おんがく)を聞(き)きながら勉強(べんきょう)します。

① 音楽(おんがく)を聞(き)きます ・	・ ⓐ 音楽を聞きます
② 歌(うた)を歌(うた)います ・	・ ⓑ 歌を歌います
③ 掃除(そうじ)をします ・	・ ⓒ 掃除をします
④ 動画(どうが)を見(み)ます ・	・ ⓓ 動画を見ます
⑤ 勉強(べんきょう)します ・	・ ⓔ 勉強します
⑥ 公園(こうえん)を歩(ある)きます ・	・ ⓕ 公園を歩きます
⑦ シャワーをする ・	・ ⓖ シャワーをする
⑧ ご飯(はん)を作(つく)ります ・	・ ⓗ ご飯を作ります
⑨ 運動(うんどう)をします ・	・ ⓘ 運動をします
⑩ コーヒーを飲(の)みます ・	・ ⓙ コーヒーを飲みます

HINT 歌(うた)を歌(うた)う 노래를 부르다 掃除(そうじ) 청소 動画(どうが) 동영상 シャワーをする 샤워를 하다

5 'そうですね'를 사용해서 느낀 점을 말해봅시다.

예 A: 夏休(なつやす)みにはディズニーランドとディズニーシーに行(い)きたいです。

B: ☺うわ～、[楽(たの)しい] →楽(たの)しそうですね。

☹え?お金(かね)がすごく[かかる] →かかりそうですね…。

【SNS사진을 보면서】

① A: この、おすし、食(た)べたいです!

B: ☺うわ~、[おいしい] → ________________ね!

☹え?すごく[高(たか)い] → ________________よ。

② A: このケーキ、食べたい!

B: ☺とても[おいしい] → ______________________ね!

☹え?すごく[甘(あま)い] → ______________________よ。

③ A: うわ!このホテル、いい!泊(と)まりたいです。

B: ☺部屋(へや)も[広(ひろ)い] → ______________________ね!

☹でも、空港(くうこう)からすごく[遠(とお)い] → ______________________よ。

④ A: 猿(さる)と一緒(いっしょ)に雪(ゆき)の露天風呂(ろてんぶろ)!行きたいです!

B: ☺ [おもしろい] → ______________________ね。

☹でも、すごく[寒(さむ)い] → ______________________よ。

⑤ A: この料理(りょうり)、食べたいです!

B: ☺野菜(やさい)が多(おお)くて、体(からだ)に[いい] → ______________________ね。

☹うーん、すぐお腹(なか)が[空(す)く] → ______________________よ。

HINT 泊(と)まる ①묵다　空港(くうこう) 공항　猿(さる) 원숭이　雪(ゆき) 눈　露天風呂(ろてんぶろ) 노천탕
体(からだ)にいい 몸에 좋다　お腹(なか)が空(す)く 배가 고프다

6 'ましょう' 문장으로 반 학생들에게 수업 규칙을 제안해봅시다.

예 授業中(じゅぎょうちゅう)は集中(しゅうちゅう) [する] → <u>しましょう</u> !

① 毎日(まいにち)、復習(ふくしゅう)[する] → ______________________!

② なるべく日本語(にほんご)で[話(はな)す] → ______________________!

③ 大(おお)きい声(こえ)で[話(はな)す] → ______________________!

④

⑤

⑥

⑦

HINT 授業中(じゅぎょうちゅう) 수업 중　集中(しゅうちゅう) 집중　毎日(まいにち) 매일　復習(ふくしゅう) 복습　なるべく 가능한 한
話す(はなす) ①이야기하다　声(こえ) 목소리

7 'ませんか' 'ましょう' 'ましょうか'을 사용해서 아직 친하지 않은 사람과의 대화를 완성해봅시다.

① A: まず、自己紹介(じこしょうかい) [する] → __________ませんか。
B: いいですね。そう [する] → __________ましょう。
A: 誰(だれ)から [する] → __________ましょうか。
B: じゃあ、僕(ぼく)から。

② A: 何(なに)か注文(ちゅうもん) [する] → __________ませんか。
B: そうですね。注文 [する] → __________ましょう。
A: お店の人(ひと)を[呼(よ)ぶ] → __________ましょうか。
B: じゃあ、お願(ねが)いします。

③ A: そろそろ２次会(にじかい)に[行(い)く] → __________ませんか。
B: いいですね。そう[する] → __________ましょう。
A: ２次会はどこに[行(い)く] → __________ましょうか。
B: カラオケに行きたいです。

④ A: あの… 二人(ふたり)で外(そと)に [出(で)る] → __________ませんか。
B: いいですよ。[出る] → __________ましょう。
A: 少(すこ)し外(そと)を[歩(ある)く] → __________ましょうか。
B: いいですね。

⑤ A: あの…今度、一緒にご飯を食べに [行く] → ＿＿＿＿＿＿ませんか。

B: いいですよ。[行く] → ＿＿＿＿＿＿ましょう。

A: 本当ですか！いつ [行く] → ＿＿＿＿＿＿ましょうか。

B: 私はいつでもいいです。

⑥ A: じゃあ、連絡先を交換 [する] → ＿＿＿＿＿＿ませんか。

B: はい。交換 [する] → ＿＿＿＿＿＿ましょう。

A: 何を[食べる] → ＿＿＿＿＿＿ましょうか。辛いものは大丈夫ですか。

B: はい、大丈夫です。

HINT 自己紹介 자기소개 そうする 그렇게 하다 注文 주문 呼ぶ ①부르다 そろそろ 슬슬 2次会 2차 出る ②나가다 いつでも 언제든지 連絡先 연락처 交換 교환

8 'ませんか' 'ましょう' 'ましょうか'을 사용해서 프로젝트 멤버와의 대화를 완성해봅시다.

① A: 来週みんなで[集まる] → ＿＿＿＿＿＿ませんか。

B: いいですね。[集まる] → ＿＿＿＿＿＿ましょう。

A: いつ[集まる] → ＿＿＿＿＿＿ましょうか。

B: 明日はどうですか。

② A: 担当を[決める] → ＿＿＿＿＿＿ませんか。

B: いいですね。[決める] → ＿＿＿＿＿＿ましょう。

A: どうやって[決める] → ＿＿＿＿＿＿ましょうか。

B: じゃんけんはどうですか。

③ A: この部分についてもう少し [調べる] → ＿＿＿＿＿＿ませんか。

B: いいですね。みんなで [調べる] → ＿＿＿＿＿＿ましょう。

A: どうやって [調べる] → ＿＿＿＿＿ましょうか。

B: 明日、みんなで図書館に[行く] → ＿＿＿＿＿ませんか。

④ A: 明日、発表の練習を [する] → ＿＿＿＿＿ませんか。

B: いいですね。そう [する] → ＿＿＿＿＿ましょう。

A: どこで練習 [する] → ＿＿＿＿＿ましょうか。

B: 明日の３時はどうですか。

⑤ A: お疲れ様でした。

B: お疲れ様でした。

A: これからみんなで打ち上げに [行く] → ＿＿＿＿＿ませんか。

B: いいですね。[行く] → ＿＿＿＿＿ましょう。

A: どこに [行く] → ＿＿＿＿＿ましょうか。

B: 学校の前の居酒屋はどうですか。

HINT 集まる ①모이다　担当 담당　決める ②정하다　どうやって 어떻게　じゃんけん 가위바위보　部分 부분　~について ~에 대해서　もう少し 조금 더　調べる ②조사하다　お疲れ様でした 수고하셨습니다　打ち上げに行く 뒤풀이하러 가다　居酒屋 이자카야

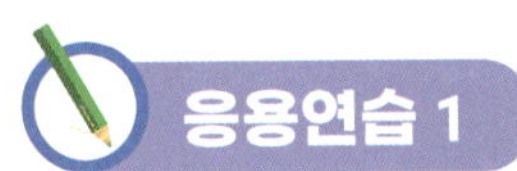

응용연습 1

1 짝에게 방학에 무엇을 하고 싶은 지 물어봅시다. 먼저 질문 표현을 정리해봅시다.

① 어디로 가고 싶은 지

② 거기서 무엇을 하고 싶은 지

③ 무엇을 먹고 싶은 지

④ 무엇을 보고 싶은 지

2 실제로 짝에게 질문을 해 봅시다. [기본 연습] (5)를 참고해서 '~そうです'문장으로 리액션도 합시다.

3 '대화'를 참고해서 방학에 하고 싶은 것에 대해서 자유롭게 이야기해 봅시다.

A

당신은 일본어를 전공하는 학생입니다.
방학이 되면 하고 싶은 것에 대해 이야기해 주세요. 인터넷에 있는 사진을 짝에게 보여주면서 이야기해도 됩니다.

B

당신은 일본어를 전공하는 학생입니다. 짝이 방학 때 하고 싶은 일을 듣고 그것에 대해 소감을 말하거나 여행에 대해 함께 인터넷으로 알아보거나 조언을 해봅시다.

한 번 도전해보고 일본어로 말하고 싶었는데 말할 수 없었던 표현이 있었나요?
사전을 찾아보거나 선생님께 물어보세요.

응용연습 2

1 ○○대학교에 일본인 유학생을 유치하는 홍보활동을 합시다.

① 일본 고등학생이나 대학생에게 권유하고 싶은 것은 무엇입니까?

→ ________________ ませんか。

② 제안하고 싶은 것은 무엇입니까?

→ ________________ ましょう!

→ ________________ ましょう!

③ ○○대학교에 입학하면 어떤 활동을 합니까?

→ ＿＿＿＿＿＿＿＿＿＿に＿＿＿＿＿＿＿＿＿＿ます。

→ ＿＿＿＿＿＿＿＿＿＿に＿＿＿＿＿＿＿＿＿＿ます。

→ ＿＿＿＿＿＿＿＿＿＿に＿＿＿＿＿＿＿＿＿＿ます。

2 '독해'를 참고하여 포스터 또는 동영상을 만듭시다.

＿＿＿＿＿＿＿＿で＿＿＿＿＿＿＿＿＿＿＿＿ませんか。

＿＿＿＿＿＿＿＿＿＿＿＿＿＿＿＿＿＿＿＿＿＿ましょう!

＿＿＿＿＿＿＿＿＿＿＿＿＿＿＿＿＿＿＿＿＿＿ましょう!

入学問い合わせ：nyugakutoiawase@mju.ac

Can-do check

목적지에 가는 목적을 말할 수 있다.	👍	👍👍	👍👍👍
상대방이 하는 말에 본인의 소감을 말할 수 있다.	👍	👍👍	👍👍👍
본인의 희망을 말할 수 있다.	👍	👍👍	👍👍👍
상대방에게 권유, 제안을 할 수 있다.	👍	👍👍	👍👍👍

느낀점

〉일본의 3대 마쓰리(祭り) 알아보기

일본은 '마쓰리(祭り)의 나라'라고 할 만큼 전 지역에 걸친 다양한 마쓰리로 유명하다. '마쓰리(祭り)'는 '바치다', '모시다'라는 뜻의 「祭る」가 어원으로, 신에게 감사하고 공동체의 안녕을 비는 전통적인 제사 의식에서 유래하였다. 일본의 3대 마쓰리는 도쿄의 간다 마쓰리(神田祭り), 교토의 기온 마쓰리(祇園祭り), 오사카의 덴진 마쓰리(天神祭り)이다.

◆ 도쿄의 간다 마쓰리는 도쿄의 간다묘진을 중심으로 열리는 마쓰리로 에도막부의 도쿠가와 이에야스가 세키가하라 전투에서 승리한 것을 기념한 것에서 시작되었다. 메이지시대에 태풍과 역병 유행 시기를 피하기 위해 양력 5월로 축제날을 옮기면서 현재는 5월 15일과 가장 가까운 주말에 열린다. 가장 대표적인 행사는 신코사이(神幸祭)라는 가마행렬을 하는 행사로, 주로 홀수 해 토요일에 성대하게 열린다. 전통 의상을 입은 수천 명의 행렬이 간다, 니혼바시, 아키하바라 등 도쿄 중심가 약 30km를 행진한다.

◆ 교토의 기온 마쓰리는 교토 기온 지역의 야사카 신사를 중심으로 매년 7월 한 달간 열리는 마쓰리로 헤이안 시대에 교토에 전염병이 창궐했을 때 신의 노여움을 달래기 위해 시작된 어령회(원혼을 달래는 의식)에서 유래하였다고 한다. 가장 유명한 행사는 야마보코(山鉾) 순행으로, 산 모양으로 만든 거대한 수레(축제용 가마)인 야마보코 30여 대가 교토 시내를 행진하는 의식이다. 야마보코는 '움직이는 미술관'이라 불릴 만큼 화려한 자수와 조각으로 장식되어 있으며, 높이가 수십 미터에 달하는 것도 있다.

◆ 오사카의 덴진 마쓰리는 오사카 덴만구신사를 중심으로 매년 7월 24일과 25일에 열리는 축제로 천년이 넘는 역사를 가지고 있다. 학문의 신 스가와라 미치자네의 억울한 죽음을 풀어주기 위한 것에서 비롯되었다고 한다. 전통의상을 차려 입은 3천여 명이 가마를 메고 오사카거리를 행진하는 리쿠토교(陸渡御)와 백여 척의 배가 오가와 강을 거슬러 올라가는 후나토교(船渡御)가 유명하다.

病院に早く行ってみてください。

병원에 빨리 가 보세요.

point!

- ～て
- ～てください
- ～てみる
- ～ている
- い형용사 어간+くなる
- な형용사 어간+になる

핵심문장

彼氏(かれし)に会(あ)って映画(えいが)を見(み)ました。

남자 친구를 만나서 영화를 봤습니다.

ちょっと待(ま)ってください。

좀 기다려 주세요.

駅弁(えきべん)を食(た)べてみたいです。

역 도시락을 먹어 보고 싶습니다.

妹(いもうと)はスマホでアニメを見ています。

여동생은 스마트 폰으로 애니메이션을 보고 있습니다.

日本語(にほんご)がおもしろくなりました。

일본어가 재미있어졌습니다.

日本語が上手(じょうず)になりました。

일본어를 잘하게 되었습니다.

단어와 표현

会(あ)う ①만나다 *~に会う ~을(를) 만나다 ちょっと 좀, 조금 待(ま)つ ①기다리다

~てください ~해 주세요 駅弁(えきべん) 역 도시락 ~てみる ~해 보다

スマホ 스마트 폰(スマートフォン의 줄임말) ~ている ~하고 있다 なる ①되다

핵심문형

1 ~て　　~하고, ~해서, ~하여

「て」는 접속조사로 '~하고, ~해서, ~하여' 등의 의미를 나타낸다. 동사는 ます형에 연결하면 되는데, 1그룹동사는 단어 끝 음절의 발음이 바뀌는 음편(音便)현상이 일어난다.

1그룹동사	イ음편: 끝 음절「く､ぐ」→「い」+て/で	書く(쓰다)	書きます	書きて → 書いて
		泳ぐ(헤엄치다)	泳ぎます	泳ぎて → 泳いで
	촉음편: 끝 음절「う､つ､る」→「っ」+て	買う(사다)	買います	買いて → 買って
		待つ(기다리다)	待ちます	待ちて → 待って
		乗る(타다)	乗ります	乗りて → 乗って
	발음편: 끝 음절「ぬ､ぶ､む」→「ん」+で	死ぬ(죽다)	死にます	死にて → 死んで
		遊ぶ(놀다)	遊びます	遊びて → 遊んで
		飲む(마시다)	飲みます	飲みて → 読んで
	*주의	話す(이야기하다)	話します	話して
		行く(가다)	行きます	行きて → 行って
2그룹동사		起きる(일어나다)	起きます	起きて
		食べる(먹다)	食べます	食べて
3그룹동사		来る(오다)	来ます	来て
		する(하다)	します	して

2 ～てください　～해 주세요

「~て ください」는 '~해 주세요, ~하세요'라는 뜻으로 상대방에게 어떤 동작이나 행위를 하도록 지시·요구하거나 부탁할 때 사용하는 표현이다. 동사의 て형에 연결된다.

- 名前はボールペンで書いてください。　이름은 볼펜으로 써 주세요.
- 電車の中では静かにしてください。　전철 안에서는 조용히 해 주세요.

3 ～てみる　～해 보다

「~て みる」는 '~해 보다'라는 뜻으로 어떤 행위를 한번 시도해 본다는 의미를 나타낸다. 동사의 て형에 연결된다.

- レシピを見ながらカレーを作ってみました。　레시피를 보면서 카레를 만들어봤습니다.
- 日本の祭りを体験してみたいです。　일본 축제를 체험해보고 싶습니다.

4 ～ている　～하고 있다

「~て いる」는 연결되는 동사의 성질에 따라 다양한 의미를 가진다. 동작이 계속됨을 나타낼 수 있는 동사에 연결되면 '~하고 있다'라는 동작의 진행을 나타낸다.

- 田中さんと話している人は誰ですか。　다나카 씨와 이야기하고 있는 사람은 누구입니까?
- 山田さんは今、何を食べていますか。　야마다 씨는 지금 무엇을 먹고 있습니까?

Tip

「~て いる」는 순간적인 동작을 나타내는 동사에 연결되면 '동작의 결과 상태'를 나타낸다.

- あそこにハンカチが落ちていますね。　저기에 손수건이 떨어져 있네요.

5 い형용사 어간 + くなる ~게 되다, ~아/어 지다

い형용사는 「い형용사 어간+く」의 형태로 부사의 역할을 하고 동사를 수식한다. 「なる」에 연결되면 '~게 되다, ~아/어 지다'라는 뜻으로 상태나 성질의 변화를 나타낸다.

- 学食(がくしょく)が前(まえ)よりおいしくなりました。 학교 식당이 예전보다 맛있어졌습니다.
- 最近(さいきん)、果物(くだもの)の値段(ねだん)が高(たか)くなりました。 최근에 과일 가격이 비싸졌습니다.

6 な형용사 어간 + になる ~(하)게 되다, ~해지다

な형용사는 「な형용사 어간+に」의 형태로 부사의 역할을 하고 동사를 수식한다. 「なる」에 연결되면 '~(하)게 되다, ~해지다' 라는 뜻으로 상태나 성질의 변화를 나타낸다.

- 掃除(そうじ)をして部屋(へや)がきれいになりました。 청소를 해서 방이 깨끗해졌습니다.
- K-POP(ケーポップ)は世界的(せかいてき)に有名(ゆうめい)になりました。 K-POP은 세계적으로 유명해졌습니다.

「なる」는 명사에 연결되어 사람이나 사항 등의 변화·결과를 나타내는데 「명사+に なる」의 형태로 사용되며, '~이/가 되다'라는 뜻이다.

- 彼(かれ)は有名な歌手(かしゅ)になりました。 그는 유명한 가수가 되었습니다.

단어와 표현

ボールペン 볼펜 書(か)く ①쓰다 電車(でんしゃ) 전철 レシピ 레시피 祭(まつ)り 축제 体験(たいけん)する ③체험하다 落(お)ちる ②떨어지다 前(まえ) 이전 値段(ねだん) 가격 掃除(そうじ) 청소 K-POP(ケーポップ) 케이팝 世界的(せかいてき)に 세계적으로

대화

다나카 사쿠라와 김세나가 같은 수업을 듣고 이동하면서 이야기를 하고 있습니다.

田中桜：　【기침을 한다】コンコンコン。11月に入って、だいぶ寒くなりましたね。

キム・セナ：　大丈夫ですか。さっきからずっと咳をしていますね。風邪ですか。

田中桜：　分かりません。でも、昨日から咳と鼻水がひどくて…。

キム・セナ：　それは大変！ 病院には行きましたか。

田中桜：　いいえ。今日は朝から今までずっと授業があって…。

キム・セナ：　ちょっと待ってください。ちょっと調べてみます。【휴대폰을 꺼낸다】あ、学校の近くのミョンジ内科医院は7時まで診察していますよ。受付は6時半まででですね。ネットで予約しますね。

田中桜：　さすが、韓国！ありがとうございます。

キム・セナ：　予約しました。病院に早く行ってみてください。予約確認画面のキャプチャーを送りますね。はい、送りました。確認してください。

田中桜：　うわ～、本当に便利になりましたね。ありがとうございます。

キム・セナ：　早く行ってきてください。お大事に！

田中桜：　はい。行ってきます。

단어와 표현

コンコン 콜록콜록　入る ①들어오다, 들어가다　だいぶ 상당히　寒い 춥다　さっきから 아까부터　ずっと 계속　咳 기침　風邪 감기　分かる ①알다　鼻水 콧물　ひどい 심하다　病院 병원　調べる ②알아보다, 찾아보다　近く 근처　内科医院 내과의원　診察 진찰　受付 접수　ネット 인터넷(インターネット)의 줄임말　予約 예약　さすが 역시　もちろん 물론　予約確認画面 예약확인화면　キャプチャー 캡처　送る ①보내다　確認する ③확인하다　お大事に 몸조리 잘하세요　行ってきます 다녀오겠습니다

독해

昨日は病院に行って、受付で名前を言って、待合室のソファーに座って、１０分ほど待ちました。診察を受けて、処方箋をもらって、薬局に行って、薬をもらいました。そして、コンビニに寄って、水とレトルトのおかゆを買って、家に帰りました。家でおかゆを食べて、薬を飲んで、歯磨きをして、暖かくして寝ました。寝る前に、朝鮮人参のエキスを飲んでみました。体がぽかぽかと温かくなりました。おかげで少し体が楽になりました。今日は学校を休みました。今はベッドで動画を見て、ゆっくりしています。早く元気になって、明日は学校に行きたいです。

단어와 표현

言う ①말하다　待合室 대합실, 대기실　ソファー 소파　座る ①앉다　ほど 정도　診察 진찰
受ける ②받다　処方箋 처방전　もらう ①받다　薬局 약국　薬 약　寄る ①들르다　水 물
レトルト 레토르트　おかゆ 죽　飲む ①마시다, 복용하다　歯磨き 양치질　朝鮮人参 인삼
エキス 엑기스, 진액　体 몸　ぽかぽか(と) 따끈따끈　温かい (물건의 온도나 체온 등) 따뜻하다
おかげで 덕분에　楽だ 편하다　ベッド 침대　動画 동영상　ゆっくりする ③푹 쉬다　元気だ 건강하다

연습문제

Can-do 상대방에게 지시·요구하거나 부탁할 수 있다.
시도하고 있는 일이나 진행 중인 일에 대해서 말할 수 있다.
변화에 대해서 설명할 수 있다.

기본 연습

1 같은 뜻을 가진 일본어와 한국어를 연결해봅시다.

待って ・ 座って ・ 調べて ・ 食べて ・ 起きて ・ 来て ・ 見て ・ 買って ・ 書いて ・ 話して

기다려(줘) ・ 이야기해(줘) ・ 써(줘) ・ 와(줘) ・ 일어나(줘) ・ 알아봐(줘) ・ 사(줘) ・ 앉아(줘) ・ 먹어(줘) ・ 봐(줘)

2 다음 동사를 ~て로 연결해서 "나의 하루"를 표현해봅시다.

① 朝、7時に起きる ⇒ ② 顔を洗う ⇒ ③ 朝ご飯を食べる ⇒ ④ 歯を磨く ⇒ ⑤ 家を出る ⇒

⑥ バスに乗る ⇒ ⑦ 学校で授業を受ける ⇒ ⑧ 友達と学食で昼ご飯を食べる ⇒

⑨ 図書館に行く ⇒ ⑩ 午後の授業を受ける ⇒ ⑫ 友達とカフェでコーヒーを飲む ⇒

⑬ バイトに行く ⇒ ⑭ 夜９時まで働く ⇒ ⑮ 家に帰る ⇒ ⑯ 着替える ⇒ ⑰ 晩ご飯を食べる ⇒

⑱ シャワーをする ⇒ １２時に寝る ⇒ 寝ます。

HINT 顔を洗う 세수하다, 얼굴을 씻다　歯を磨く 이를 닦다　家を出る 집을 나가다
バスに乗る 버스를 타다　授業を受ける 수업을 받다　バイトに行く 아르바이트를 하러 가다　働く ①일하다　家に帰る 집으로 가다　着替える ②옷을 갈아입다

3 상대방에게 요구/부탁/지시를 해봅시다.

이제 곧 기말고사입니다. 선배님에게 말해봅시다.

① 先輩、ここちょっと[教える] → ________ください。

② 先輩、この漢字、どう書きますか。ここに[書く] → ________ください。

③ 先輩、ありがとうございました。これ、よかったら[飲む] → ________ください。

식당에서 유학생에게 말해봅시다.

④ まず、ここで食券を[買う] → ________ください。

⑤ それから、トレーと箸とスプーンを[取る] → ________ください。

⑥ ご飯とおかずをトレーに[よそう] → ________ください。

⑦ スープは熱いから、注意[する] → ________ください。

회식, 술자리에서 말해봅시다.

⑧ じゃあ、お店まで[付く] → ________ [来る] → ________ください。

⑨ これおいしいですよ。いっぱい[食べる] → ________ください

⑩ 会費は3万ウォンです。カカオで[送る] → ________ください。

몸 상태가 안 좋은 사람에게 말해봅시다.

⑪ 早く病院に[行く] → ________、診察を[受ける] → ________[来る] → ________ください。

⑫ 早く薬を[飲む] → ________ください。

⑬ 家に[帰る] → ________ゆっくり[休む] → ________ください。

HINT 教える ②가르치다 どう 어떻게 よかったら 괜찮다면 食券 식권 トレー 트레이 箸 젓가락 スプーン 숟가락 取る ①들다 おかず 반찬 よそう ①(밥이나 국 등의) 음식물을 그릇에 담다 スープ 국, 수프 熱い 뜨겁다 付いて来る 따라오다 いっぱい 많이 会費 회비 早く 빨리 診察を受ける 진찰을 받다 薬を飲む 약을 먹다 ゆっくり休む 푹 쉬다

4 동사를 て형으로 바꿔서 대화를 완성해봅시다.

① A: 久しぶりですね。

B: 久しぶりですね。最近、どうですか?

A: 忙しいです。毎日朝10時半から4時15分まで授業を[受ける] →________います。

② A: 日本語の勉強はどうですか。

B: 難しいですが、毎日単語を[覚える] → ________います。

それから、日本語で日記を[書く] → ________います。

③ A: 趣味は何ですか。

B: 筋トレです。毎日ジムで運動[する] → ________います。

④ A: もしもし、今、どこですか。

B: 今、図書館です。図書館で勉強[する] → ________います。

A: え?もう授業、始まりましたよ!

⑤ A: バイトしていますか。

B: はい、英語塾で中学生に[教える] → ________います。

⑥ A: あ、新しいスマホ!いいなあ・・・。

B: これ、すごくいいですよ。

A: 私はこれを6年間[使う] → ________います。

HINT 久しぶりですね 오랜만이네요 最近 최근 どうですか 어떻습니까? 忙しい 바쁘다 単語 단어 覚える ②외우다 日記 일기 筋トレ 근육 트레이닝 運動 운동 始まる ①시작되다 英語塾 영어 학원 中学生 중학생 いいなあ 좋겠다 使う ①사용하다

5 동사를 て형으로 바꿔서 대화를 완성해봅시다.

〈늦은 시간에 학교에서 만난 학생과 선생님 ①~③〉

① 先生： もう9時(くじ)ですよ。何(なに)をしているんですか。

学生： 明日(あした)、ディベート大会(たいかい)なので、練習(れんしゅう)を[する] → ________います。

先生： そうですか。それは[頑張(がんば)る] → ________ください。

② 先生： こんな時間(じかん)まで何をしているんですか。

学生： 明後日(あさって)、発表(はっぴょう)があるので、みんなで資料(しりょう)を[作(つく)る] → ________います。

先生： そうですか。それは[頑張る] → ________ください。

③ 先生： こんな時間(じかん)までここで何をしているんですか。

学生： 明日、会話(かいわ)の試験(しけん)があるので、みんなで勉強(べんきょう)[する] → ________います。

先生： そうですか。でももう遅(おそ)いので、早(はや)く[帰(かえ)る] → ________ください。

〈우연히 시내에서 만난 학생과 선생님 ④~⑥〉

④ 先生： え？セナさん？

学生： え？先生(せんせい)！こんにちは！

先生： ここで何(なに)を[する] → ________いるんですか？

学生： ここでバイトを[する] → ________います。

⑤ 先生： え？スンジェさん？ここで何を[する] → ________いるんですか？

学生： あ！先生、こんにちは。ここ、両親(りょうしん)の店(みせ)なんです。

それで毎週末(まいしゅうまつ)ここで両親(りょうしん)を[手伝(てつだ)う] → ________います。

⑥ 学生： 先生、こんにちは。

先生： うわ！偶然(ぐうぜん)ですね。

学生：そうですね。毎週末、私はここでヨガを[習う] → ＿＿＿＿いるんです。先生は？

先生：私は毎週土曜日、ここで韓国料理を[教わる] → ＿＿＿＿います。

HINT もう 이제　ディベート大会 디베이트대회　頑張る ①열심히 하다　みんなで 다 같이　資料 자료　両親 부모　店 가게　手伝う ①도와주다　偶然 우연　習う ①배우다　教わる ①가르침을 받다

6 '～てみる'를 사용해서 질문에 대답을 해봅시다.

A: これ、おすすめです。

예 B: 分かりました。[食べる] → 食べてみます。

① そうですか。じゃあ、今度[見る] → ＿＿＿＿みます。

② いいですね。明日、[買う] → ＿＿＿＿みます。

③ うわ！いいですね。今すぐ注文[する] → ＿＿＿＿みます。

A: 大学入学後、何か新しい挑戦をしましたか。

예 B: 1人で日本に[行く] → 行ってみました。

④ ホンデで日本人に[話しかける] → ＿＿＿＿みました。

⑤ パーマを[かける] → ＿＿＿＿みました。

⑥ ボランティアを[始める] → ＿＿＿＿みました。

A: 日本で何がしたいですか。

예 B: 浴衣が[着る] → 着てみたいです。

⑦ 露天風呂に[入る] → ＿＿＿＿みたいです。

⑧ 富士山に[登る] → ________みたいです。

⑨ 新幹線に[乗る] → ________みたいです。

A: 日本語のいい勉強方法を教えてください。

예 B: 毎日、日本語の文章を[読む] → 読んでみてください。

⑩ 毎日、日本語で日記を[書く] → ________みてください。

⑪ 毎日、日本語のニュースを[聞く] → ________みてください。

⑫ 毎日、日本語の歌を[歌う] → ________みてください。

HINT 今度 다음에 大学入学後 대학교 입학 후 何か 뭔가 新しい 새롭다 挑戦 도전 1人で 혼자서 話しかける ②말을 걸다 パーマをかける 파마를 하다 ボランティア 봉사활동 始める ②시작하다 浴衣 유카타 着る ②입다 露天風呂 노천탕 入る ①들어가다 登る ①오르다 勉強方法 공부방법 文章 문장 ニュース 뉴스

7 「～てください」 표현과 「～なります」 표현을 의미가 통하도록 연결해 보세요.

① シャドーイングしてください。 •

② 日本人とたくさん話してください。•

③ このアプリで練習してください。 •

④ 日本のドラマを見てください。 •

⑤ 日本語で本をたくさん読んでください。 •

• ⓐ 日本語を読むスピードが速くなります。

• ⓑ 日本語が上手になります

• ⓒ 字がきれいになります。

• ⓓ 会話がうまくなります。

• ⓔ 発音がよくなります。

HINT シャドーイング 섀도잉 スピード 스피드 速い 빠르다 字 글자 うまい 잘하다

8 변화를 표현하는 '~なりました'를 사용해서 문장을 만들어봅시다.

예 昔(むかし)はスマホがありませんでした。とても不便(ふべん)でした。
でも、今(いま)はスマホがあります。とても[便利(べんり)だ] → 便利に なりました。

① 昔(むかし)は空気(くうき)がとてもきれいでした。
でも、今(いま)は空気が[汚(きたな)い] → ________なりました。

② 昔、韓国(かんこく)の夏(なつ)は涼(すず)しかったです。
でも、最近(さいきん)はとても[暑(あつ)い] → ________なりました。来年(らいねん)の夏が心配(しんぱい)です。

③ 昔、韓国は子(こ)どもの数(かず)が多(おお)かったです。
でも、今は子どもの数が[少(すく)ない] → ________なりました。
お年寄(としよ)りの数が[多い] → ________なりました。これからの韓国が心配です。

④ 昔、キンパは一本(いっぽん)1,000ウォンでした。とても安(やす)かったです。
でも、今は4,000ウォンです。とても[高(たか)い] → ________なりました。

⑤ 昔、学食(がくしょく)はあまりおいしくありませんでした。
今は [おいしい] → ______なりました。それから量(りょう)も少(すこ)し[多い] → ______なりました。

⑥ 昔、この辺(へん)は交通(こうつう)の便(べん)があまりよくありませんでした。
でも、最近(さいきん)は少し[いい] → ________なりました。

⑦ 昔、この辺には小(ちい)さな家(いえ)がたくさんありました。
今は [きれいだ] → ________なりましたが、エモさは[ない] → ________なりました。

⑧ 1週目(いっしゅうめ)の授業(じゅぎょう)は難(むずか)しくありませんでした。

でも、今はとっても[難しい] → ________なりました。

⑨ 最初、日本語の動詞(どうし)がとても難しかったです。

でも、今は慣(な)れました。[簡単(かんたん)だ] → ________なりました。

⑩ 去年(きょねん)、私は高校生(こうこうせい)でした。

今年(ことし)の4月(しがつ)に[大学生(だいがくせい)] → ________なりました。 来年(らいねん)は________なります。

将来(しょうらい)は________なりたいです。

HINT 昔(むかし) 옛날 空気(くうき) 공기 汚(きたな)い 더럽다 涼(すず)しい 시원하다 心配(しんぱい)だ 걱정이다 子(こ)ども 어린아이
数(かず) 수 お年寄(としよ)り 어르신 この辺(へん) 이 근처 エモさ 감성적인 느낌 1週目(いっしゅうめ) 1주차
最初(さいしょ) 처음 動詞(どうし) 동사 慣(な)れる ②익숙해지다 将来(しょうらい) 장래

응용연습 1

1 '나의 하루'라는 스피치를 하기 위해 짝과 함께 준비를 합시다.

① 기상 시간

② 집을 나가기 전에 하는 일

③ 학교에 도착하기 전에 하는 일

④ 학교에서 하는 일

⑤ 학교가 끝나고 집에 가기 전까지 하는 일

⑥ 집에서 자기 전까지 하는 일

⑦ 자는 시간

⑧ 앞으로 어떤 대학생활을 보내고 싶는지

2 て형을 사용해서 스피치를 해봅시다.

응용연습 2

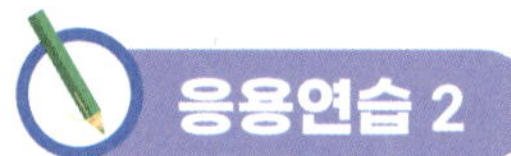

1 일본에서 감기에 걸렸을 때 하는 일은 다음과 같습니다.

うめぼしのお粥(かゆ)を食(た)べる　病院(びょういん)に行(い)って薬(くすり)を飲(の)む　暖(あたた)かくして寝(ね)る　冷(ひ)えピタシートを貼(は)る…韓国(かんこく)ではどうですか？ →

2 감기에 걸렸을 때 한국에서는 하는 일을 일본인 학생에게 하도록 'てください'를 사용해서 말해 봅시다.

예 병원에 가서 약을 먹다. ⇒ 病院(びょういん)に行(い)って薬(くすり)を飲(の)んでください。

- 쌍화탕을 마시다.
- 인삼 엑기스를 마시다.
- 전복죽을 먹다.

3 감기에 걸렸을 때 한국에서는 하는 일을 일본인 학생에게 하도록 'てください'를 사용해서 말해 봅시다.

- 病院(びょういん)に行(い)って薬(くすり)を飲(の)む ⇒ 体(からだ)が[楽(らく)だ] → ＿＿＿＿＿＿なる
- サンファタンを飲む ⇒ 喉(のど)が[痛(いた)くない] → ＿＿＿＿＿＿なる

- 朝鮮人参(ちょうせんにんじん)のエキスを飲む ⇒ 体(からだ)が[温(あたた)かい] → ________なる
- アワビ粥(がゆ)を食(た)べる ⇒ [元気(げんき)だ] → ________なる

4 '대화'를 참고해서 몸이 아픈 유학생이 병원에 갈 수 있도록 도와주세요.

A

당신은 일본어를 전공하는 학생입니다. 일본인 유학생이 수업 시간에 계속 기침을 하고 있었습니다. 유학생이 병원에 갈 수 있도록 도와주세요.

B

당신은 일본인 유학생입니다. 11월이 되어 갑자기 추워지고 기침과 콧물이 계속 납니다. 병원에 가고 싶은데 오늘은 수업이 많아서 못 갔습니다.

5 위의 롤플레이 후 상황을 상상해서 이어서 롤플레이를 해봅시다.

A

유학생에게 전화를 해서 지금은 어떤 상황인지 물어보세요. 필요하면 조언도 해주세요.

B

병원에서 돌아와서 쉬고 있더니 A씨에게 전화가 왔습니다. 병원에서 있었던 일, 지금 상황을 설명해 주세요.

한 번 도전해보고 일본어로 말하고 싶었는데 말할 수 없었던 표현이 있었나요?
사전을 찾아보거나 선생님께 물어보세요.

Can-do check

- 상대방에게 지시·요구하거나 부탁할 수 있다.
- 시도하고 있는 일이나 진행 중인 일에 대해서 말할 수 있다.
- 변화에 대해서 설명할 수 있다.

느낀점

〉 고양이 속담 알아보기

일본인들의 고양이 사랑은 유명하다. 전세계적으로 인기를 얻고 있는 '헬로키티'나 일본의 국민 만화의 주인공 '도라에몽'도 모두 고양이를 모티브로 한 것이고 고양이의 날도 제정하고 있다. 일본인들의 고양이에 대한 애정과 관심은 일본 속담 중에 고양이가 등장하는 것이 많다는 것에서도 찾아볼 수 있다.

猫(ねこ)に鰹節(かつおぶし)	고양이에게 가다랑이 (어떤 일이나 물건을 믿어서는 안되는 사람에게 맡겨 불안하고 위험한 상황)
猫(ねこ)に小判(こばん)	고양이에게 금화 (아무리 훌륭하고 귀한 것이라도 가치를 모르는 사람에게는 아무 쓸모가 없음)
猫(ねこ)の額(ひたい)	고양이의 이마 (공간이나 장소가 매우 협소함)
猫(ねこ)の手(て)も借(か)りたい	고양이 손도 빌리고 싶다 (매우 바쁨)
猫(ねこ)の首(くび)に鈴(すず)(を付(つ)ける)	고양이 목에 방울(을 단다) (실행하지 못할 것을 공연히 논의만 함)
女(おんな)の心(こころ)は猫(ねこ)の眼(め)	여자의 마음은 고양이 눈 (여자의 마음을 바뀌기 쉬움)
借(か)りてきた猫(ねこ)	빌려온 고양이 (평소와 달리 차분하게 행동하는 모양)

韓国料理を食べたり、市場に行ったりしたいです。

한국 요리를 먹거나 시장에 가거나 하고 싶습니다.

point!

- ~た
- ~たことがある
- ~たほうがいい
- ~たり、~たりする
- ~たら

핵심문장

久(ひさ)しぶりの連休(れんきゅう)を楽(たの)しんだ。

오래간만의 연휴를 즐겼다.

納豆(なっとう)を食(た)べたことがありますか。

낫토를 먹은 적이 있습니까?

明日(あした)は早(はや)いから、そろそろ寝(ね)たほうがいいですよ。

내일은 일찍 일어나야 하니까 슬슬 자는 편이 좋아요.

週末(しゅうまつ)は家(いえ)で映画(えいが)を見(み)たり、本(ほん)を読(よ)んだりします。

주말에는 집에서 영화를 보거나 책을 읽거나 합니다.

授業(じゅぎょう)が終(お)わったら、どこか遊(あそ)びに行(い)きませんか。

수업이 끝나면 어딘가 놀러 가지 않겠습니까?

단어와 표현

久(ひさ)しぶり 오래간만　連休(れんきゅう) 연휴　楽(たの)しむ ①즐기다　納豆(なっとう) 낫토　~たことがある ~한 적이 있다
早(はや)い 빠르다, 이르다　~たほうがいい ~하는 편이 좋다　~たり ~하거나　読(よ)む ①읽다　~たら ~하면
どこか 어딘가

1 ~た ~했다

「た」는 과거 완료를 나타내는 조동사로 우리말의 '~했다'에 해당한다. 동사에 연결될 때는 접속조사 「て」와 마찬가지로 ます형에 연결하면 되는데, 1그룹동사는 단어 끝 음절의 발음이 바뀌는 음편(音便)현상이 일어난다.

1그룹동사	イ음편: 끝 음절 「く、ぐ」 → 「い」+た/だ	書く	書きます	書きた → 書いた
		泳ぐ	泳ぎます	泳ぎだ → 泳いだ
	촉음편: 끝 음절 「う、つ、る」→ 「っ」+た	買う	買います	買いた → 買った
		待つ	待ちます	待ちた → 待った
		乗る	乗ります	乗りた → 乗った
	발음편: 끝 음절 「ぬ、ぶ、む」→ 「ん」+だ	死ぬ	死にます	死にた → 死んだ
		遊ぶ	遊びます	遊びた → 遊んだ
		飲む	飲みます	飲みた → 飲んだ
	*주의	話す	話します	話した
		行く	行きます	行きた → 行った
2그룹동사		起きる	起きます	起きた
		食べる	食べます	食べた
3그룹동사		来る	来ます	来た
		する	します	した

2 ~たことがある　~한 적이 있다

「~たことがある」는 '~한 적이 있다'라는 뜻으로 과거의 경험을 나타낸다. '~한 적은 없다'는 「~たことがない」라고 하면 된다.

- A: 京都(きょうと)に行(い)ったことがある?　교토에 간 적이 있어?

  B: うん、一度(いちど)だけ行ったことがあるよ。　응, 딱 한 번 간 적이 있어.

- A: 日本(にほん)で歌舞伎(かぶき)を見(み)たことがありますか。　일본에서 가부키를 본 적이 있습니까?

  B: いいえ、まだ一度も歌舞伎を見たことはありません。　아니요, 아직 한 번도 가부키를 본 적은 없습니다.

3 ~たほうがいい　~하는 편이 좋다

「~たほうがいい」는 '~하는 편이 좋다, ~하는 것이 좋다'라는 뜻으로 상대방에게 조언하거나 권고 혹은 충고할 때 사용한다. '~하지 않는 편이 좋다'는 「~ないほうが いい」라고 하면 된다.

- 健康(けんこう)のために野菜(やさい)もちゃんと食(た)べたほうがいいですよ。　건강을 위해서 채소도 잘 챙겨 먹는 것이 좋아요.

- 健康のためにタバコは吸(す)わないほうがいいですよ。　건강을 위해서 담배는 피우지 않는 것이 좋아요.

4 ～たり、～たりする ~하거나 ~하거나 하다

「~たり」는 '~하거나'라는 뜻으로 여러 동작이나 상태를 열거하여 나타내는 표현이다. 주로 「~たり~たりする」의 형태로 사용된다.

- 休みの日は、友達と買い物をしたり、カフェでおしゃべりをしたりします。
  휴일에는 친구와 쇼핑을 하거나, 카페에서 수다를 떨거나 합니다.
- 昨日のパーティーでは歌を歌ったり、ゲームをしたりしました。
  어제 파티에서는 노래를 부르거나 게임을 하거나 했습니다.

5 ～たら ~하면

「~たら」는 '~하면'이라는 뜻으로 일회성이거나 개별적인 가정·조건을 나타낼 때 주로 사용한다. 뒷 문장에 의지, 권유, 희망, 의뢰 등의 내용이 오는 경우가 많다.

- 夏休みになったら、北海道に行ってみたいです。 여름방학이 되면 홋카이도에 가 보고 싶습니다.
- 分からないことがあったら、遠慮なく聞いてくださいね。 모르는 것이 있으면 기탄없이 물어보세요.

단어와 표현

一度だけ 한 번만 歌舞伎 가부키 ちゃんと 제대로 タバコ 담배 吸う ①들이마시다, 빨다
*タバコを吸う 담배를 피우다 休みの日 휴일, 쉬는 날 買い物 쇼핑, 물건을 삼
おしゃべり 수다, 이야기 パーティー 파티 歌 노래 ゲーム 게임 こと 일, 것
遠慮なく 기탄없이, 사양 말고

대화

김세나와 다나카 사쿠라가 일본어 동아리에 함께 가면서 이야기하고 있습니다.

田中桜： 来週、私の母がソウルに遊びに来るんです。

キム・セナ： いいですね。お母さんはソウルに来たことがありますか。

田中桜： いいえ、ありません。プサンには行ったことがありますが、ソウルは初めてです。

キム・セナ： そうですか。お母さんとソウルで何がしたいですか。

田中桜： おいしい韓国料理を食べたり、市場に行ったりしたいです。

キム・セナ： お母さんの好きな韓国料理は何ですか。

田中桜： カンジャンケジャンです。母は辛い料理が苦手なので…。

キム・セナ： そうですか。じゃあ、本場のカンジャンケジャンを食べに新沙洞に行ってみてください。新沙洞に行ったら、カンジャンケジャンのお店がたくさんあります。

田中桜： 分かりました。新沙洞ですね。後で調べてみます。それから、市場はどこがいいですか。私は広蔵市場と東大門市場に行ったことがありますが、外国人ばかりで、あんまりでした。

キム・セナ： そうですね。最近、市場は外国人観光客に人気で、有名な市場はどこも観光客でいっぱいだから、普通の小さい市場に行ったほうがいいと思います。学校の近くにもありますよ。

田中桜： いいですね。じゃあ、大学を案内した後、市場に行ってみます。

단어와 표현

母 어머니(자신의 어머니를 남에게 말할 때)　ソウル 서울　プサン 부산　市場 시장
カンジャンケジャン 간장게장　辛い 맵다　本場 본고장　新沙洞 신사동　後で 나중에　広蔵市場 광장시장
東大門市場 동대문시장　外国人 외국인　～ばかり ~만　あんまり 별로, 그다지(あまり의 강조)
観光客 관광객　どこも 어디나　～でいっぱいだ ~(으)로 가득하다　普通 보통　小さい 작다
思う ①생각하다　*～と思う ~라고 생각하다　案内する ③안내하다　～た後 ~한 후

독해

昨日、日本から母が来た。金浦空港まで迎えに行った。ホテルまでバスで移動した。私は寮に住んでいるので、明洞のホテルに母と泊まった。部屋はあまり広くなかったが、きれいだった。ホテルの前には屋台がたくさんあった。私と母は屋台でトッポギとタッコッチを食べた。外国人観光客が本当にたくさんいた。そのあと、母とショッピングをしたり、新沙洞でカンジャンケジャンを食べたりした。免税店にも行った。１１時ごろホテルに戻った。シャワーをした後、二人でずっとおしゃべりをした。今日は韓国大学に行った。キャンパスを母に案内した。学生食堂でご飯を食べたり、学校の近くの市場でクァベギを食べたりした。漢江にも行った。おなかはいっぱいだったが、漢江でラーメンも食べた。明日、母は夕方の飛行機で日本に帰る。時間はあるので、明日は韓服を着て写真を撮ったり、デパートでお土産を買ったりしたい。

단어와 표현

金浦空港 김포공항　迎える ②맞이하다, 맞다　移動 이동　寮 기숙사　住む ①살다　明洞 명동
泊まる ①묵다, 숙박하다　屋台 포장마차　トッポギ 떡볶이　タッコッチ 닭꼬치
そのあと 그 후, 그 다음　ショッピング 쇼핑　戻る ①되돌아가다, 되돌아오다　シャワー 샤워
ずっと 계속, 오랫동안　キャンパス 캠퍼스　クァベギ 꽈배기　漢江 한강　おなか 배　いっぱい 가득
夕方 저녁　飛行機 비행기　漢服 한복　写真 사진　撮る ①찍다

연습문제

Can-do 경험했던 일에 대해서 말할 수 있다.
상대방에게 조언을 할 수 있다.
여러 행동이나 상태를 나열해서 설명할 수 있다.

기본 연습

1 같은 뜻을 가진 일본어와 한국어를 연결해봅시다.

行(い)った	食(た)べた	着(き)た	来(き)た	見(み)た	買(か)った	話(はな)した	した	あった	出(だ)した
•	•	•	•	•	•	•	•	•	•
•	•	•	•	•	•	•	•	•	•
갔다	했다	입었다	이야기했다	(사물,식물이)있다	왔다	먹었다	봤다	냈다	샀다

2 반말로 대화를 해봅시다.

예 A: 今日(きょう)、何時(なんじ)に[起(お)きましたか]。→ <u>起きた</u>?
B: 7時(しちじ)に[起きました]。→ <u>起きた</u>。

① A: 今日、何時に学校(がっこう)、[来ましたか]。→ ____________?
B: 10時(じゅうじ)に[来ました]。→ ____________。

② A: 今日、日本語の授業(じゅぎょう)、[ありましたか]。→ ____________?
B: うん、[ありました]。→ ____________。

③ A: この映画(えいが)、[見ましたか]。→ ____________?
B: うん、[見ました]。→ ____________。

④ A: 昼(ひる)ご飯(はん)、もう[食べましたか]。→ ____________?

B: うん、もう[食べました]。→ ＿＿＿＿＿＿。

⑤ A: もう宿題(しゅくだい)、[しましたか]。→ ＿＿＿＿＿＿?

B: うん、もう[しました]。→ ＿＿＿＿＿＿。

⑥ A: もう課題(かだい)、[出(だ)しましたか]。→ ＿＿＿＿＿＿?

B: うん、もう[出しました]。→ ＿＿＿＿＿＿。

HINT 宿題(しゅくだい) 숙제　課題(かだい) 과제

3 지금까지 어떤 경험을 해보았습니까? 이야기해봅시다.

예 A: 私はアメリカとオーストラリアと中国(ちゅうごく)とスペインに[行(い)く] → 行った ことがあります。

○○さんは[行く] → 行った ことがありますか。

B: はい、[行く] → 行った ことがあります。/

いいえ、[行く] → 行った ことがありません。(ないです。)

① A: 私は海外(かいがい)に[住(す)む] → ＿＿＿＿＿ ことがあります。

○○さんは海外に[住む] → ＿＿＿＿＿ ことがありますか。

B: はい、[住む] → ＿＿＿＿＿ ことがあります。/

いいえ、[住む] → ＿＿＿＿＿ ことがありません。(ないです。)

② A: 私は振袖(ふりそで)を[着(き)る] → ＿＿＿＿＿ ことがあります。

○○さんは振袖を[着る] → ＿＿＿＿＿ ことがありますか。

B: はい、[着る] → ＿＿＿＿＿ ことがあります。/

いいえ、[着る] → ＿＿＿＿＿ ことがありません。(ないです。)

③ A: 芸能人(げいのうじん)に[会(あ)う] → ＿＿＿＿＿＿ことがあります。

○○さんは芸能人に[会う] → ＿＿＿＿＿＿ことがありますか。

B: はい、芸能人に[会う] → ＿＿＿＿＿＿ことがあります。/

いいえ、芸能人に[会う] → ＿＿＿＿＿＿ことがありません。(ないです。)

④ A: 私はファーストクラスに[乗(の)る] → ＿＿＿＿＿＿ことがあります。

○○さんはファーストクラスに[乗る] → ＿＿＿＿＿＿ことがありますか。

B: はい、ファーストクラスに[乗る] → ＿＿＿＿＿＿ことがあります。/

いいえ、ファーストクラスに[乗る] → ＿＿＿＿＿＿ことがありません。(ないです。)

HINT アメリカ 미국　オーストラリア 호주　スペイン 스페인　海外(かいがい) 해외　～に住(す)む ①~에 살다
振袖(ふりそで) 기모노의 한 종류. 미혼 여성의 예복　芸能人(げいのうじん) 연예인　ファーストクラス 1등석

4 다음과 같은 사람에게 어떤 조언을 해주는 것이 좋을지 연결해 봅시다.

① 기침하는 친구에게 •	• ⓐ 学校(がっこう)には早(はや)く来(き)たほうがいいですよ。
② 다이어트를 하는 친구에게 •	• ⓑ ちゃんとご飯(はん)を食(た)べたほうがいいですよ。
③ 숙제를 아직 안 낸 친구에게 •	• ⓒ 今日(きょう)は早(はや)く帰(かえ)ったほうがいいですよ。
④ 돈이 없는 친구에게 •	• ⓓ 先生(せんせい)に事情(じじょう)を話(はな)したほうがいいですよ。
⑤ 자주 지각하는 친구에게 •	• ⓔ アルバイトしたほうがいいですよ。

HINT ちゃんと 제대로　事情(じじょう) 사정

5 A에게 어떤 조언을 해야 할까요? [　]에 있는 표현을 사용해서 말해봅시다.

예 A: 最近(さいきん)、ちょっと太(ふと)りました。
B: [運動(うんどう)する] → 運動したほうがいいですよ。

① A: 中間(ちゅうかん)テスト、４０点(よんじゅってん)でした。

B: [一生懸命(いっしょうけんめい) 勉強(べんきょう)する] → ＿＿＿＿＿＿＿＿＿＿＿＿。

② A: 授業中(じゅぎょうちゅう)、どうしても眠(ねむ)くなります。

B: [夜(よる) 早(はや)く 寝(ね)る] → ＿＿＿＿＿＿＿＿＿＿＿＿。

③ A: 教科書(きょうかしょ)をなくしました。

B: [もう一度(いちど) 買(か)う] → ＿＿＿＿＿＿＿＿＿＿＿＿。

④ A: 頭(あたま)が痛(いた)いです。

B: [病院(びょういん) 行(い)く] → ＿＿＿＿＿＿＿＿＿＿＿＿。

HINT 最近(さいきん) 최근　ちょっと 조금　太(ふと)る ①살찌다　点(てん) 점　眠(ねむ)い 졸리다　なくす ①분실하다

6 스케줄을 보고 언제 무엇을 했는지 이야기해 봅시다.(오늘은 목요일입니다.)

예 A: 今週(こんしゅう)の日曜日(にちようび)に何(なに)をしますか。

B: <u>友達(ともだち)と映画(えいが)を見(み)たり</u>、<u>居酒屋(いざかや)に行(い)ったり</u>します。

Mon	Tue	Wed	Thu	Fri	Sat	Sun
오사카 도착 ↓ USJ ↓ ↓ ↓ ↓ 오사카성 ↓ 다코야키 ↓ 호텔	교토 도착 ↓ 킹카쿠지 ↓ 깅카쿠지 ↓ 가이세키 요리 먹기 ↓ 친구 만나기 ↓ 호텔	나라 도착 ↓ 도다이지 ↓ 사슴과 사진 찍기 ↓ 기모노 입기 ↓ 선물 사기 ↓ 온천 ↓ 호텔	오사카 토착 ↓ 면세점 쇼핑 ↓ 도톤보리 사진 찍기 ↓ 규카츠 ↓ 호텔	공항 ↓ 한국도착 ↓ ↓ ↓ 운동 ↓ 방 청소 ↓ 숙제 ↓ 발표 준비	하루 종일 아르바이트	친구와 영화 ↓ 서점 책 사기 ↓ 카페 책 읽기 ↓ 이자카야

① A: 月曜日に何をしましたか。

B: ______________________、______________________しました。

② A: 火曜日には何をしましたか。

B: ______________________、______________________しました。

③ A: 水曜日には何をしましたか。

B: ______________________、______________________しました。

④ A: 今日、何をしますか。

B: ______________________、______________________します。

⑤ A: 明日、韓国に帰って、何をしますか。

B: ______________________、______________________します。

HINT 大阪城 오사카성　金閣寺 킨카쿠지(금각사)　銀閣寺 긴카쿠지(은각사)
会席料理 가이세키 요리　東大寺 도다이지(동대사)　鹿 사슴　お土産 (여행)선물
道頓掘 도톤보리　掃除 청소　一日中 하루 종일

7 다음 질문에 「～て～て」와 「～たり～たり」를 모두 사용해서 대답해 봅시다.

예 今日の授業が休講になったら、何をしますか。

⇒ 友達とカフェに行って、そのあと家に帰って、寝ます。/

友達とカフェでおしゃべりをしたり、宿題をしたりします。

① 夏休みになったら、何をしますか。

⇒ ______________て、______________て、__________ます。

______________________たり、______________たりします。

② 日本(にほん)に行ったら、何がしたいですか。

⇒ ＿＿＿＿＿＿＿＿て、＿＿＿＿＿＿＿＿て、＿＿＿＿＿たいです。

＿＿＿＿＿＿＿＿＿＿たり、＿＿＿＿＿＿＿＿たりしたいです。

③ もし1000万(いっせんまん)ウォンあったら、何がしたいですか。

⇒ ＿＿＿＿＿＿＿＿て、＿＿＿＿＿＿＿＿て、＿＿＿＿＿たいです。

＿＿＿＿＿＿＿＿＿＿たり、＿＿＿＿＿＿＿＿たりしたいです。

응용연습 1

1 일본인에게 한국 관광에 대해 조언을 해봅시다.

예 日本人観光客(にほんじんかんこうきゃく)： カンジャンケジャンが好(す)きなので、本場(ほんば)のカンジャンケジャンが食(た)べてみたいです。

⇒ じゃあ、新沙洞(シンサドン)に行(い)ってみてください。

新沙洞に行ったら、カンジャンケジャンのお店(みせ)がたくさんありますよ。

① 日本人観光客：ビビンバが好きなので、本場のビビンバが食べてみたいです。

⇒ じゃあ、＿＿＿＿＿＿に行ってみてください。

＿＿＿＿＿＿に行ったら、＿＿＿＿＿＿＿＿＿＿＿＿＿＿。

② 日本人観光客：韓国(かんこく)ドラマが好きなので、聖地巡礼(せいちじゅんれい)がしたいです。

⇒ じゃあ、＿＿＿＿＿＿に行ってみてください。

＿＿＿＿＿＿に行ったら、＿＿＿＿＿＿＿＿＿＿＿＿＿＿。

③ 日本人観光客：韓国コスメが大好きなので、若い人に人気のコスメショップに行きたいです。

⇒ じゃあ、__________に行ってみてください。

__________に行ったら、________________________。

④ 日本人観光客：韓国のカフェの雰囲気が好きなので、最近人気のカフェに行ってみたいです。

⇒ じゃあ、__________に行ってみてください。

__________に行ったら、________________________。

HINT コスメ 화장품　若い 젊다　コスメショップ 화장품 가게　雰囲気 분위기

(예) 日本人観光客：それから市場にも行ってみたいです。どこがいいですか。

⇒ 最近、市場は外国人観光客に人気で、有名な市場はどこも観光客でいっぱいだから、普通の小さい市場に行ったほうがいいと思います。

⑤ 日本人観光客：それから免税店にも行ってみたいです。どこがいいですか。

⇒________________________から、____________________ほうがいいと思います。

⑥ 日本人観光客：それから大型スーパーにも行ってみたいです。どこがいいですか。

⇒________________________から、____________________ほうがいいと思います。

⑦ 日本人観光客：それからエステにも行ってみたいです。どこがいいですか。

⇒________________________から、____________________ほうがいいと思います。

⑧ 日本人観光客：それからお寺(てら)にも行ってみたいです。どこがいいですか。

⇒＿＿＿＿＿＿＿＿＿＿＿＿＿から、＿＿＿＿＿＿＿＿＿＿＿ほうがいいと思います。

HINT 大型(おおがた)スーパー 대형 마트 エステ (피부 미용·군살 제거 마사지 등을 하는) 전신미용 시설
お寺(てら) 절, 사원

2 '대화'를 참고해서 일본인에게 한국 관광에 대해 조언을 해봅시다.

A

당신은 일본어를 전공하는 학생입니다.
일본 대학생과 온라인으로 교류합니다. 한국 관광에 대해 조언을 해주세요.

B

당신은 일본의 대학생입니다. 온라인으로 한국 대학생들과 교류합니다. 다음 달에 당신은 한국에 놀러 갈 예정입니다. 무엇을 하면 좋을지, 어디서 관광하면 좋을지, 한국인 학생에게 물어보세요.

한 번 도전해보고 일본어로 말하고 싶었는데 말할 수 없었던 표현이 있었나요?
사전을 찾아보거나 선생님께 물어보세요.

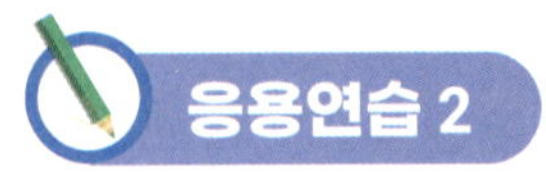

응용연습 2

1 반말로 대화를 해봅시다. 공손한 표현 'です', 'ます'가 아닌 보통체로 바꿔봅시다.

田中桜： 来週、私の母がソウルに遊びに来るんです。→ 来るんだ。

キム・セナ： いいですね。→ いいね。 お母さんはソウルに来たことがありますか。→ ある?

田中桜： いいえ、ありません。→ ううん、ない。

プサンには行ったことがありますが、→ あるけど、 ソウルは初めてです。

→ ①____________。

キム・セナ： そうですか。→ そうなんだ。

お母さんとソウルで何がしたいですか。→ ②____________?

田中桜： おいしい韓国料理を食べたり、市場に行ったりしたいです。→ ③____________。

キム・セナ： お母さんの好きな韓国料理は何ですか。→ 何？

田中桜： カンジャンケジャンです。→ ④____________。

母は辛い料理が苦手なので…。→ 苦手だから…。

キム・セナ： そうですか。→ ⑤____________。

じゃあ、本場のカンジャンケジャンを食べに新沙洞に行ってみてください。

→ ⑥____________。

新沙洞に行ったら、カンジャンケジャンのお店がたくさんあります。

→ ⑦____________。

田中桜： 分かりました。→ ⑧____________。 新沙洞ですね。→ ⑨____________。

後で調べてみます。→ ⑩____________。

それから、市場はどこがいいですか。→ ⑪____________?

私は広蔵市場と東大門市場に行ったことがありますが、→ ⑫____________

外国人ばかりで、あんまりでした。→ あんまりだった。

キム・セナ： 最近、市場は外国人観光客に人気で、有名な市場はどこも観光客でいっぱいだから、普通の小さい市場に行ったほうがいいと思います。→ ⑬____________。

学校の近くにもありますよ。→ ⑭____________。

田中桜：　いいですね。→ ⑮＿＿＿＿＿＿＿＿＿。

じゃあ、大学(だいがく)を案内(あんない)した後(あと)、市場に行ってみます。→ ⑯＿＿＿＿＿＿＿＿＿。

2 응용연습1에서 한 롤 플레이를 반말로도 해봅시다.

Can-do check

경험했던 일에 대해서 말할 수 있다.	👍	👍👍	👍👍👍
상대방에게 조언을 할 수 있다.	👍	👍👍	👍👍👍
여러 행동이나 상태를 나열해서 설명할 수 있다.	👍	👍👍	👍👍👍

느낀점

絶対に欠席しないでください。

절대로 결석하지 마세요.

point!

- ～ない
- ～ないで
- ～ないでください
- ～つもりだ
- ～ことができる

핵심문장

最近(さいきん)、テレビはあまり見(み)ない。

최근 TV는 별로 보지 않는다.

お好(この)み焼(や)きにソースをかけないで食(た)べます。

오코노미야키에 소스를 뿌리지 않고 먹는다.

明日(あした)はテストがあるから遅刻(ちこく)しないでください。

내일은 시험이 있으니 지각하지 말아주세요.

今年(ことし)の１２月(じゅうにがつ)にＪＬＰＴ(ジェイエルピーティー)を受(う)けるつもりです。

올해 12월에 JLPT(일본어능력시험)을 볼 생각입니다.

クレジットカードも使(つか)うことができます。

신용카드도 사용할 수 있습니다.

단어와 표현

テレビ TV　ソース 소스　かける ②뿌리다　～ないで ~하지 않고　遅刻(ちこく)する ③지각하다

~ないでください ~하지 말아 주세요　テストを受(う)ける 시험을 보다　つもり ~(할)생각,작정,예정

使(つか)う ①사용하다　～ことができる ~(할) 수 있다

핵심문형

1 ~ない　~하지 않는다

동사의 보통체 부정형은 동사에 부정을 나타내는 「ない」를 연결하여 만드는데, 「ない」에 연결되는 형태를 'ない형'이라고 한다. 1그룹동사는 마지막 모음 [u]를 [a]로 바꾸고 「ない」를 붙이고, 2그룹 동사는 동사 ます형에 붙는다. 3그룹 동사는 「来る」는「来ない」, 「する」는「しない」이다.

- 一緒にご飯を食べに行かない?　함께 밥을 먹으러 가지 않을래?
- 朝ご飯はほとんど食べない。　아침밥은 거의 먹지 않는다.
- なかなかバスが来ないね。　좀처럼 버스가 안 오네.

Tip - 동사문을 정리해보자.

	보통형		정중형	
	현재	과거	비과거	과거
긍정	行く	行った	行きます	行きました
부정	行かない	行かなかった	行かないです 行きません	行かなかったです 行きませんでした

2 ~ないで　~하지 않고

「~ないで」는 부정을 나타내는 「ない」에 「で」가 연결된 표현으로 앞에 나오는 상황 하에서 뒤의 동작이나 상태가 이루어지는 부대 상황을 나타낸다. '~하지 않고'라는 뜻이다.

- コーヒーに砂糖を入れないで飲みます。　커피에 설탕을 넣지 않고 마십니다.
- 朝ご飯を食べないで学校へ行った。　아침밥을 먹지 않고 학교에 갔다.

부정을 나타내는 「ない」에 접속조사 「て」가 연결된 「〜なくて」는 '~하지 않아서'라는 의미로 뒤에 오는 사항의 이유나 원인을 나타낸다.

• 朝ご飯を食べなくてお腹(なか)が空(す)いた。 아침밥을 먹지 않아서 배가 고팠다.

3 〜ないでください ~하지 말아주세요

「~ないで ください」는 우리말의 '~하지 말아 주세요, ~하지 마세요'라는 뜻으로 상대방에게 어떤 행위를 하지 않도록 요청하거나 부탁할 때 사용한다. 친밀한 관계에서는 「~しないで」와 같이 줄여서 말할 수 있다.

• 電車(でんしゃ)の中(なか)では携帯電話(けいたいでんわ)で話(はな)さないでください。 전철 안에서는 휴대폰 통화를 하지 말아주세요.
• ここは駐車禁止(ちゅうしゃきんし)なので、車(くるま)を止(と)めないでください。 여기는 주차금지니까 차를 세우지 말아주세요.

4 〜つもりだ ~(할) 생각, 작정, 예정

「つもり」는 '~(할) 생각, 작정, 예정'이란 뜻으로 동사의 기본형에 연결되어 자신이 어떤 생각(계획)을 가지고 앞으로 하려는 것을 나타낸다.

• 大学(だいがく)を卒業(そつぎょう)したら、日本(にほん)で就職(しゅうしょく)するつもりです。 대학을 졸업하면 일본에서 취직할 생각입니다.
• ダイエットのために、これから甘(あま)いものは食べないつもりです。 다이어트를 위해서 이제부터 단 것은 먹지 않을 생각입니다.

5 ～ことができる　~(할) 수 있다

「~ことができる」는 동사의 기본형에 연결되어 '~(할) 수 있다, ~(하는) 것이 가능하다'는 능력의 유무나 가능성을 나타낸다. 「できる」는 「する」의 가능형이다.

- ネットでは割引価格(わりびきかかく)でチケットを買(か)うことができる。

  인터넷에서는 할인가격으로 티켓을 살 수 있다.

- 日本語(にほんご)の漢字(かんじ)を読(よ)むことはできるが、書(か)くことはできない。

  일본어 한자를 읽을 수는 있지만, 쓸 수는 없다.

단어와 표현

ほとんど 거의, 대부분　なかなか (부정 수반) 좀처럼　コーヒー 커피　砂糖(さとう) 설탕　入(い)れる ②넣다
空(す)く ①비다, 허기지다　電車(でんしゃ) 전철　携帯電話(けいたいでんわ) 휴대전화　駐車禁止(ちゅうしゃきんし) 주차금지　止(と)める ②멈추다, 세우다
卒業(そつぎょう)する ③졸업하다　就職(しゅうしょく)する ③취직하다　ダイエット 다이어트　これから 이제부터
割引価格(わりびきかかく) 할인가격　チケット 티켓　できる ②할 수 있다, 가능하다

대화

여름방학에 일본 자매학교 방문단으로 일본에 가게 된 김세나와 박승재가 다른 멤버들과 함께 설명회에서 선생님의 이야기를 듣고 있습니다.

先生：　説明は以上です。
【학생들이 가려고 한다】 あ、まだ帰らないでください。最後に、質問はありますか。

キム・セナ：　はい！

先生：　キム・セナさん、どうぞ。

キム・セナ：　姉妹校訪問の後、みんなと韓国に帰らないで、一人で日本を旅行したいんですが、いいですか。

先生：　いいえ、全日程、全員一緒に行動します。絶対に一人で行動しないでください。

キム・セナ：　分かりました。

先生：　次の質問どうぞ。

パク・スンジェ：　はい！

先生：　パク・スンジェさん、どうぞ。

パク・スンジェ：　出国の前日までバイトをするつもりです。前日のオリエンテーションはオンラインですか。オフラインですか。

先生：　オリエンテーションはオフラインで行います。最後に大事な確認をしますから、前日のオリエンテーションはみんな絶対に欠席しないでください。

学生：　はい、分かりました。

先生：　それからパスポートのコピーを、来週、忘れないで提出してくださいね。

学生：　はい、分かりました。

단어와 표현

説明(せつめい) 설명　以上(いじょう) 이상　まだ 아직　最後(さいご) 마지막　質問(しつもん) 질문　どうぞ 권유·부탁의 기분을 나타내거나 승낙·허가를 나타내는 공손한 말씨　姉妹校訪問(しまいこうほうもん) 자매학교 방문　みんな 모두　全日程(ぜんにってい) 전 일정　全員(ぜんいん) 전원, 모두　行動(こうどう)する ③행동하다　絶対(ぜったい)に 절대로　次(つぎ) 다음　出国(しゅっこく) 출국　前日(ぜんじつ) 전날　オリエンテーション 오리엔테이션　オンライン 온라인　オフライン 오프라인　行(おこな)う ①하다, 행하다　大事(だいじ)だ 중요하다　欠席(けっせき)する ③결석하다　コピー 복사, 카피　忘(わす)れる ②잊다　提出(ていしゅつ)する ③제출하다

독해

今度の夏休みに日本の岩手県に行く。姉妹校の岩手大学を5泊6日の予定で訪問する。自由行動の日には有名な小岩井農場に行くつもりだ。そこではとてもおいしいアイスクリームやチーズを食べることができる。また、夜にはきれいな星空を見ることができる。絶対に行ってみたい。

岩手の有名な「わんこそば」「盛岡冷麺」「盛岡じゃじゃ麺」も食べるつもりだ。お昼ご飯は自由に好きなお店に行くことができるから、絶対に食べてみたい。

それから、いつか冬の岩手にも行きたい。冬の岩手ではスキーをすることができる。それから、安くておいしい海の幸を食べることもできる。

岩手では東京や大阪のようにショッピングを楽しむことはできない。おしゃれなカフェに行くこともできない。でも、岩手では自然を感じることができる。早く岩手に行ってみたい。

단어와 표현

今度 이번　岩手県 이와테현　岩手大学 이와테대학교　5泊6日 5박6일　自由行動 자유행동　日 날　小岩井農場 고이와이농장　アイスクリーム 아이스크림　チーズ 치즈　また 그리고　星空 별이 총총한 하늘　絶対に〜たい 꼭~하고 싶다　わんこそば 완코소바　盛岡冷麺 모리오카냉면　盛岡じゃじゃ麺 모리오카자장면　自由だ 자유롭다　いつか 언젠가　スキー 스키　*スキーをする 스키를 타다　海の幸 해산물　〜のように ~와 같이, ~처럼　おしゃれだ 세련되다, 멋지다　自然 자연　感じる ②느끼다

연습문제

Can-do 반말로 대화를 할 수 있다.
상대방에게 어떤 행위를 하지 않도록 요청/부탁할 수 있다.
"~ないで"를 사용해서 동작이 일어나는 상황을 자세하게 말할 수 있다.
본인의 예정을 말할 수 있다.
능력에 유무/가능성에 대해서 말할 수 있다.

1 같은 뜻을 가진 일본어와 한국어를 연결해봅시다.

行(い)かない	食(た)べない	見(み)ない	買(か)わない	言(い)わない	しない	来(こ)ない	飲(の)まない
•	•	•	•	•	•	•	•
•	•	•	•	•	•	•	•
가지 않는다	하지 않는다	사지 않는다	보지 않는다	말하지 않는다	마시지 않는다	오지 않는다	먹지 않는다

2 반말로 대화를 해봅시다.

예 A: バス、そろそろ[来(き)ますか]。→ 来(く)る?
B: うん、もうすぐ[来ます]。→ 来る(よ)。/ ううん、まだ[来ません]。→ 来(こ)ない。

① A: 明日(あした)、単語(たんご)テスト、[ありますか]。→ ＿＿＿＿＿?
B: うん、[あります]。→ ＿＿＿＿＿。/ ううん、[ありません]。→ ＿＿＿＿＿。

② A: 明日の交流会(こうりゅうかい)に先生(せんせい)、参加(さんか)[しますか]。→ ＿＿＿＿＿?
B: うん、[します]。→ ＿＿＿＿＿。/ ううん、[しません]。→ ＿＿＿＿＿。

③ A: 発表(はっぴょう)の時(とき)、この資料(しりょう)、[使(つか)いますか]。→ ＿＿＿＿＿?
B: うん、[使います]。→ ＿＿＿＿＿。/ ううん、この資料は[使いません]。→ ＿＿＿＿＿。

④ A: 韓国(かんこく)の人(ひと)って毎日(まいにち)キムチ[食(た)べますか]。→ ______ ?

B: うん、[食べます]。→ ______。/ ううん、子(こ)どもはあんまり[食べません]→ ______。

예 A: 来週(らいしゅう)の飲(の)み会(かい)、[行(い)きますか]。→ 行く?

B: うん、[行きます]。→ 行く。/ ううん、[行きません]→ 行かない。

*ううん、その日(ひ)はちょっと…。

⑤ A: 今日(きょう)、学校(がっこう)、[来ますか]。→ ______ ?

B: うん、[行きます]。→ ______。/ ううん、[行きません]→ ______。

*ううん、今日、授業(じゅぎょう) ______。

⑥ A: 昼(ひる)ご飯(はん)、一緒(いっしょ)に[食べますか]。→ ______ ?

B: うん、[食べます]。→ ______。/ ううん、[食べません]→ ______。

*ごめん。今(いま)、______。

⑦ A: 次(つぎ)、マッコリ[飲(の)みますか]。→ ______ ?

B: うん、[飲みます]。→ ______。/ ううん、[飲みます]→ ______。

*あ、マッコリは、______。

HINT 単語(たんご) 단어　交流会(こうりゅうかい) 교류회　資料(しりょう)자료　マッコリ 막걸리

3 반말로 대화를 해봅시다.

예 A: 今度(こんど)、一緒(いっしょ)にご飯(はん)、食(た)べに[行(い)きませんか]。→ 行かない?

B: うん、[行きます]。→ 行く! / あ、うん…。

① A: 明日(あした)の飲(の)み会(かい)、田中(たなか)さんも一緒(いっしょ)に[来(き)ませんか]。→ ______ ?

B: うん、[行きます]。→ ______ ! / ______。

② A: これ、おいしいよ。[飲みませんか]。→ ____________？

B: うん、[飲みます]。→ ____________！/ ____________。

③ A: ペア練習、一緒に[しませんか]。→ ____________？

B: うん、[します]。→ ____________/ ____________。

4 시험 중에 문제 행동을 하고 있는 학생에게 주의를 줍시다.

예 커닝하고 있는 학생에게

隣の学生の答案用紙を[見る] → 見ないで！/ 見ないでください。

カンニングを[する] → しないで！/ しないでください。

① 떠들고 있는 학생에게

大きな声を[出す] → ____________！/ ____________。

[騒ぐ] → ____________！/ ____________。

② 스마트폰을 사용하고 있는 학생에게

スマホは[使う] → ____________！/ ____________。

③ 수다를 떨고 있는 학생에게

おしゃべりを[する] → ____________！/ ____________。

④ 자고 있는 학생에게

[寝る] → ____________！/ ____________。

⑤ 과자를 먹고 있는 학생에게

お菓子を[食べる] → ____________！/ ____________。

HINT 声 목소리 騒ぐ 떠들다

5 예처럼 대화문을 완성해봅시다.

예 A: 私は朝ご飯を食べて、学校に行きます。田中さんは?

B: 私は朝ご飯は食べないで、学校に行きます。

① A: 私は昼ご飯を食べて、授業を受けます。______さんは?

B: 私は__________、授業を受けます。だから、授業が終わったら、すぐ食べに行きます。

② A: 私は朝、シャワーをして、学校に来ます。______さんは?

B: 私は朝、__________、学校に来ます。私は夜シャワー派です。

③ A: 私は冷麺を食べるとき、麺をはさみで切って、食べます。______さんは?

B: 私は__________食べます。その方がおいしいですよ。

④ A: 私はサムギョプサルを食べるとき、サンチュに包んで食べます。______さんは?

B: 私は__________食べます。野菜はあまり好きじゃないので…。

⑤ A: 私は牛丼を食べるとき、よく混ぜて食べます。______さんは?

B: 私は__________食べます。前に先生が牛丼は混ぜないでくださいって言いましたよ。

HINT だから 그러니까 終わる ①끝나다 すぐ 바로 ~派 ~파 冷麺 냉면 麺 면
はさみ 가위 切る ①자르다 その方 그 쪽 サムギョプサル 삼겹살 サンチュ 상추
包む ①싸다 混ぜる ②섞다 ~って言う ~라고 말하다

6 다음 질문에 [ ]안의 표현을 사용해서 대답해 보세요. 자신의 생각도 말해봅시다.

예 今度の夏休み、何をしますか。

[日本 東京 大阪 行く 日本人 日本語 話す つもり]

⇒ 日本の東京と大阪に行って、日本人と日本語でたくさん話すつもりです。

① 夏休みになったら、何をしますか。

(a) [毎日 日本語 一生懸命 勉強 たり 運動 たり つもり]

⇒

(b) [7月 アルバイト お金 貯める 8月 ヨーロッパ 旅行 行く つもり]

⇒

② 来年は何をしますか。

(a) [大学 休学 アルバイト お金 貯める ながら 専攻 勉強 つもり]

⇒

(b) [ディベートサークル 入る 一生懸命 練習 11月 大会 参加 つもり]

⇒

③ 卒業したら、何をしますか。

(a) [日本 就職 5年後 大学院 入学 つもり]

⇒

(b) [海外 就職 10年後 韓国 帰国 自分 会社 作る つもり]

⇒

HINT お金 돈 貯める ②모으다 ディベート 디베이트 サークルに入る 서클(동아리)에 들어가다, 가입하다 就職 취업 帰国 귀국 自分 자신, 자기 会社 회사

7 일본어로 무엇을 할 수 있는지 말해봅시다.

예 A: 漢字を２０個、[書く] → 書くことができますか。

B: はい、できます。簡単です。ここに書いてみます！/

いいえ、できません。でも、5つなら 書くことができます。

① A: J-POPを[歌う] → ________________。

B: はい、できます。 じゃあ、これから『____________』を歌います。/

いいえ、できません。でも、『むすんでひらいて』なら________________。

② A: 日本語で1分間、一人で[話す] → ________________。

B: はい、できます。 じゃあ、これから自己紹介をしてみます。 聞いてください。/

いいえ、できません。でも、簡単な自己紹介は________________。

③ A: 日本の新聞を[読む] → ________________。

B: はい、できます。 でも、新聞のマンガだけです。/

いいえ、できません。 字も小さい______漢字も多い______、____________。

④ A: 日本語のニュースを理解[する] → ________________。

B: はい、できます。テロップがあるので、大体理解________________。/

いいえ、できません。単語が難し______、全然理解________________。

⑤ A: 日本語でメッセージを[打つ] → ________________。

B: はい、速く________________。/

いいえ、でも、音声入力なら________________。

HINT ～個 ~개　これから 지금부터　むすんでひらいて 주먹쥐고 손을 펴서　1分間 1분간
新聞 신문　マンガ 만화　全然 전혀　ニュース 뉴스　理解 이해　テロップ 텔롭
大体 대충　メッセージを打つ 메시지를 입력하다　速く 빨리　音声入力 음성입력

응용연습 1

1 한국어 시험 감독 아르바이트를 하러 왔습니다. 일본인 유학생에게 주의를 줍시다.

① 연필을 사용하고 있는 유학생에게

⇒ 鉛筆(えんぴつ)を[使(つか)う] → __________ください。

② 교실 밖에 나가려고 하는 유학생에게

⇒ まだ外(そと)に[出(で)る] → __________ください。

③ 문제지를 가방에 넣으려는 유학생에게

⇒ すみません。問題用紙(もんだいようし)は[持(も)って帰(かえ)る] → __________ください。

④ 핸드폰을 책상 위에 올려놓고 있는 유학생에게

⇒ スマホを机(つくえ)の上(うえ)に[置(お)く] → __________ください。

⑤ 시험이 끝났는데도 나가지 않고 수다를 떨고 있는 유학생에게

⇒ ここでおしゃべりを[する] → __________ください。

HINT 鉛筆(えんぴつ) 연필　まだ 아직　外(そと) 밖　問題用紙(もんだいようし) 문제지　持(も)って帰(かえ)る 가지고 집에 가다　机(つくえ) 책상　置(お)く ①두다, 올려놓다

2 이번에 한국어 시험을 응시하는 유학생을 인솔해서 강남에 가게 되었습니다. 오늘은 오리엔테이션 날입니다. 유학생의 질문에 [　] 표현을 사용해서 대답해봅시다.

① 試験の後(あと)、みんなと帰(かえ)らないで、江南(カンナム)でショッピングしたいんですが、いいですか。

[全員一緒(ぜんいんいっしょ) 行動(こうどう) 絶対(ぜったい)に 一人(ひとり)で 行動(こうどう)]

⇒

② 試験の日、友達と5時に江南駅で会うつもりです。4時半ごろ抜けたいんですが、いいですか。

[試験 5時半まで 絶対に 途中で 抜ける]

⇒

HINT 途中で 중간에 抜ける ②빠지다

3 '대화'를 참고해서 롤 플레이를 해봅시다.

A

당신은 일본어를 전공하는 학생입니다.
이번에 한국어 시험을 응시하는 유학생을 인솔해서 강남에 가게 되었습니다. 오늘은 오리엔테이션 날입니다.
유학생의 질문에 대답해 주세요.
그리고 ①시험에 절대 결석하지 말 것, ②다음 달 성적표를 잊지 말고 사무실에 가지러 올 것을 꼭 이야기해 주세요.

B

당신은 일본의 대학생입니다.
이번에 한국어 시험을 보게 되었습니다. 오늘은 오리엔테이션입니다. 시험장까지 인솔해주는 일본어학과 학생이 시험에 대해서 성명을 해주었습니다.
(2)에서 연습한 질문을 해 주세요. 질문은 2가지가 있으니 일인이역을 해주세요.

HINT 来月 다음달 成績表 성적표 事務室 사무실 取りに来る 가지러 오다

한 번 도전해보고 일본어로 말하고 싶었는데 말할 수 없었던 표현이 있었나요?
사전을 찾아보거나 선생님께 물어보세요.

응용연습 2

1 여름방학 예정에 대해 이야기합시다. 어디로 갈 생각인지, 그곳에서는 무엇을 할 수 있는지 짝과 이야기해 봅시다.

① 夏休みにどこに行きますか。

② そこでは何をすることができますか。

・

・

・

・

・

③ そこで何がしたいですか。

・

・

・

2 독해 문장을 스피치용으로 정중체로 바꿔봅시다.

今度の夏休みに日本の岩手県に行く。→ ①________________。

姉妹校の岩手大学を五泊六日の予定で訪問する。→ ②________________。

自由行動の日には有名な小岩井農場に行くつもりだ。→ ③________________。

そこではとてもおいしいアイスクリームやチーズを食べることができる。→ ④______________。

また、夜にはきれいな星空を見ることができる。→ ⑤________________。

絶対に行ってみたい。→ ⑥________________。

岩手の有名な「わんこそば」「盛岡冷麺」「盛岡じゃじゃ麺」も食べるつもりだ。

→ ⑦________________。

お昼ご飯は自由に好きなお店に行くことができるから、絶対に食べてみたい。

→ ⑧________________。

それから、いつか冬の岩手にも行きたい。→ ⑨________________。

冬の岩手ではスキーをすることができる。→ ⑩________________。

それから、安くておいしい海の幸を食べることもできる。→ ⑪________________。

岩手では東京や大阪のようにショッピングを楽しむことはできない。→ ⑫____________。

おしゃれなカフェに行くこともできない。→ ⑬________________。

でも、岩手では自然を感じることができる。→ ⑭________________。

早く岩手に行ってみたい。→ ⑮________________。

3 위의 문장을 참고로 방학에 가고 싶은 곳에 대해 스피치를 해봅시다.

Can-do check

상대방에게 어떤 행위를 하지 않도록 요청/부탁할 수 있다.

"~ないで"를 사용해서 동작이 일어나는 상황을 자세하게 말할 수 있다.

본인의 예정을 말할 수 있다.

능력에 유무/가능성에 대해서 말할 수 있다.

느낀점

대화 및 본문 해석

02 저는 김세나입니다

대화

김세나　안녕하세요.

다나카 사쿠라　안녕하세요.

김세나　처음 뵙겠습니다. 저는 김세나입니다.

다나카 사쿠라　처음 뵙겠습니다. 다나카입니다.

김세나　네?

다나카 사쿠라　아, 저는 일본인 유학생이에요.

김세나　아아, 그렇군요. 잘 부탁합니다.

다나카 사쿠라　잘 부탁합니다. 음, 김세나 씨는 1학년이에요?

김세나　네. 일어일문학과 1학년이에요. 다나카 씨도 1학년이에요?

다나카 사쿠라　아, 저는 1학년이 아니에요. 2학년이에요.

김세나　선배님! 아무쪼록 잘 부탁합니다.

독해

김세나 씨는 한국인입니다. 한국대학교 학생이고, 일본어학과 1학년입니다.
박승재 씨도 한국인이고, 한국대학교 학생입니다. 일본어학과 1학년입니다.
다나카 사쿠라 씨는 한국인이 아닙니다. 한국대학교의 일본인 유학생이고, 한국어학과 2학년입니다.
야마모토 켄 씨는 대학생이 아닙니다. 한국대학교 대학원생이고, 2학년입니다. 전공은 경영학입니다.

03 | 이것은 '모미지만주'입니다

대화

다나카 사쿠라 김세나 씨, 자, 이거 먹어요.

김세나 이건 뭐예요?

다나카 사쿠라 이건 '모미지 만주'예요. 일본 히로시마 과자예요.

김세나 우와~. 고맙습니다. 다나카 씨는 히로시마 출신이에요?

다나카 사쿠라 네. 제 고향 과자예요. 어? 김세나 씨, 저건 뭐예요?

김세나 저거요? 아, 저건 떡 케이크예요.

동아리 회장 여러분, 오늘은 야마모토 선배님의 생일입니다! 선배님, 축하드립니다~.

김세나 다나카 씨, 야마모토 선배님은 누구예요?

다나카 사쿠라 아, 저기. 야마모토 선배님은 저 분이에요.

독해

오늘은 아침 9시부터 수업이었습니다. 일본어 동아리는 오후 4시 반부터 6시까지였습니다. 장소는 7층 교실이 아니었습니다. 8층 교실이었습니다. 내일 수업은 낮 12시부터입니다.

04 | 다코야키, 두 개 주세요

대화

박승재 어서 오세요! 다코야키 어떠세요? 오코노미야키 어떠세요?

스즈키 미키 저기요, 다코야키 두 개 주세요.

박승재 감사합니다. 잠시만 기다려 주세요.

스즈키 미키 아, 오코노미야키도 주세요.

박승재 감사합니다. 오코노미야키도 두 개인가요?

스즈키 미키 오코노미야키는 한 개 주세요. 얼마예요?

박승재 다코야키 두 개, 오코노미야키 한 개 맞으시죠? 전부 해서 13,000원입니다.

스즈키 미키 카드 되나요?

박승재 죄송합니다. 카드는 좀…. 현금으로 부탁드립니다.

스즈키 미키 알겠습니다. 그럼, 이걸로….

박승재 20,000원 받았습니다. 거스름돈 7,000원입니다. 잠시만 기다려 주세요.
다코야키 두 개와 오코노미야키 한 개입니다. 감사합니다.

독해

한국대학교 동아리 소개 행사는 3월 20일부터 23일까지입니다. 작년에는 3월 24일부터 28일까지였습니다. 다음 달은 중간고사입니다. 4월 21일 월요일부터 25일 금요일까지입니다. 일본은 4월 29일부터 골든위크입니다. 올해는 5월 5일까지 휴일입니다.

05 | 도서관에는 소형 영화관도 있습니다

대화

박승재 여기가 도서관이에요.

스즈키 미키 이 도서관에 일본어 책이 있어요?

박승재 네, 물론 있어요. 그리고 도서관에는 소형 영화관도 있어요.

스즈키 미키 와~. 이 건물에는 뭐가 있어요?

박승재 이 건물에는 레스토랑이랑 편의점이랑 헬스장 등이 있어요.

스즈키 미키 어? 저기에 스타벅스가 있어요!

박승재 네, 화장품 가게도 있어요.

스즈키 미키 대학교 안에 스타벅스와 화장품 가게라니! 굉장해요!

(카페 안으로 들어가 본다)

스즈키 미키 우와~ 학생들이 많이 있네요. 음... 그런데 자리가 없어요.

박승재 괜찮아요. 학교 주변에 카페는 많이 있어요.

독해

스즈키 미키 씨는 서울외국어대학교의 유학생입니다. 가나가와현 출신이고, 집은 요코하마에 있습니다. 요코하마에는 차이나타운이나 야마시타 공원 등이 있습니다. 스즈키 씨는 5인 가족으로, 부모님과 여동생이 두 명이 있습니다. 그리고 강아지도 한 마리 있습니다. 첫째 여동생은 지금 미국에 있습니다. 막내 여동생은 오사카에 있습니다.

06 | 정말 일본어를 잘하네요

대화

스즈키 미키　승재 씨, 정말 일본어를 잘하네요.

박승재　에이, 아직 멀었어요. 회화도 작문도 서툴러요. 특히 한자가 싫어요. 스즈키 씨는 한국어를 아주 잘해요.

스즈키 미키　아니에요, 저도 아직 멀었어요. 하지만 저는 한국어 공부를 좋아해요.

박승재　네!? 공부를 좋아한다고?

스즈키 미키　네, 제 한국어 선생님은 한국 드라마예요!

박승재　아아, 그렇군요~. 좋아하는 한국 드라마는 뭐예요?

스즈키 미키　'폭싹 속았수다'예요. 주연인 박보검이 정말 상큼해서 아주 좋아해요.

박승재　저도 일본 드라마는 좋아하지만, 공부는 좋아하지 않아요. 아~, 내일도 한자 시험이 있어요….

스즈키 미키　그렇다면, 지금부터 공부! 공부!

독해

여러분, 이곳이 제주도입니다. 제주도의 바다는 아주 아름다워서 유명합니다. 유명한 관광지나 세련되고 예쁜 카페도 많이 있습니다. 다만, 제주도에는 지하철이 없습니다. 버스는 있지만 버스로 관광하는 것은 조금 불편합니다. 제주도 관광에는 렌터카가 편리합니다. 그리고 면세점은 있지만, 큰 쇼핑몰이나 백화점은 없습니다. 제주도에서는 풍요로운 자연을 만끽해 보세요.

07 | 비빔밥, 좋네요!

대화

다나카 사쿠라 세나 씨, 여기, 여기!

김세나 아, 다나카 씨, 안녕하세요. 오래 기다리게 해서 미안해요.

다나카 사쿠라 아니요, 괜찮아요. 오늘 메뉴는 A세트가 비빔밥이고, B세트는 카레라이스예요.

김세나 비빔밥 좋네요!

다나카 사쿠라 세나 씨는 비빔밥을 좋아해요?

김세나 아니요, 어제 저녁밥이 카레였거든요. 코코이치 카레요.

다나카 사쿠라 아아, 코코이치 카레 맛있죠. 그런데 비싸지 않아요?

김세나 네, 학생한테는 좀 비싸죠. 하지만 어제는 아르바이트 월급날이었거든요.

다나카 사쿠라 우와~, 부럽다. 제 아르바이트 월급날은 다음 주라서, 저는 싼 학식 카레로!

김세나 싸고 맛있는 학식 카레는 우리 편이죠.

독해

일본어 수업은 재미있습니다. 선생님은 상냥하고 친절하고, 교과서도 아주 알기 쉬워서 좋습니다. 그리고 일본어는 문법도 그다지 어렵지 않고, 히라가나도 쉽습니다. 하지만 발음과 한자는 어렵습니다. 특히 한자는 양도 많아서, 저에게는 정말 어렵습니다. 매주 월요일은 한자 받아쓰기 시험이어서, 일요일에는 하루 종일 한자 연습을 합니다. 『도라에몽』의 진구가 부럽습니다. 나도 암기빵을 갖고 싶어….

08 | 시험은 별로 어렵지 않았습니다

대화

다나카 사쿠라 지난주 중간고사, 어땠어요?

김세나 일본어 문법 시험은 별로 어렵지 않았어요. 점수도 잘 나왔어요. 그런데 회화 시험은 정말 어려웠어요. 그래서 점수도 별로 좋지 않았어요.

다나카 사쿠라 그랬군요. 그럼, 교양 과목 시험은 어땠어요?

김세나 교양 영어 시험은 쉬웠어요. 하지만 '한국 전통문화의 이해'와 '문학과 사회'는 그다지 쉽지 않았어요.

다나카 사쿠라 '한국 전통문화의 이해'와 '문학과 사회' 중에 어느 쪽이 더 어려웠어요.

김세나 글쎄요…. '문학과 사회' 쪽이 더 어려웠어요. 범위가 넓어서 시험 공부가 정말 힘들었어요. 다나카 씨는 시험 어땠어요?

다나카 사쿠라 저는 일본어 회화 시험 말고는 전부 망쳤어요. 특히 일본 문학 시험이 어려웠어요.

김세나 일본인에게도 어렵군요….

독해

지난주는 중간고사였습니다. 전공 과목보다 교양 과목이 더 쉬웠습니다. 교양 과목 중에서 가장 쉬운 시험은 '영어'였습니다. 범위가 넓지 않아서, 시험 공부는 그다지 힘들지 않았습니다. 결과도 그렇게 나쁘지 않았습니다. 전공 과목은 세 과목이 시험, 한 과목이 레포트였습니다. 레포트 준비는 시험 공부보다 더 힘들었습니다. 전공 시험 중에서는 회화 시험이 가장 쉬웠습니다. 지난주는 중간고사와 아르바이트 때문에 정말 바빴습니다.

09 | 다 같이 한국 요리를 만듭니다

대화

동아리 회장 아, 세나 씨! 다음 주말에 시간 있어요?

김세나 선배님, 안녕하세요. 다음 주 말씀이세요? 토요일은 아르바이트가 있는데, 일요일이라면 괜찮아요.

동아리 회장 잘됐다! 실은, 다음 주 일요일에 일본 대학생들이 한국대학교에 와요.

김세나 네? 정말이에요!?

동아리 회장 네, 그래서 일본 대학생들이랑 교류회를 할 거예요. 참가할래요?

김세나 교류회에서는 무엇을 해요?

동아리 회장 다 같이 한국 요리를 만들 거예요.

김세나 한국 요리요? 무엇을 만들어요? 떡볶이라든가?

동아리 회장 떡볶이는 작년에 만들었어요. 올해는 김밥을 만들 거예요.

김세나 좋네요. 저도 참가할래요! 일본 학생들과의 교류회는 매년 있어요?

동아리 회장 네, 매년 있어요. 작년에는 일본에서 5명밖에 안 왔어요. 그런데 올해는 무려 20명이 와요!

김세나 20명이요!? 그럼, 다른 1학년들한테도 말해볼게요!

독해

나의 하루

우리 집에서 학교까지 멀기 때문에, 아침에는 항상 6시 반에 일어납니다. 아침밥은 항상 먹지 않습니다. 오늘도 아무것도 먹지 않았습니다. 집에서 학교까지 버스를 타고 갑니다. 버스는 두 번 갈아탑니다. 학교까지 약 1시간 반 정도 걸립니다. 오늘은 1시간 40분 걸렸습니다. 오전 수업은 11시 45분에 끝납니다. 점심은 항상 친구와 학생 식당에서 먹습니다. 하지만 오늘은 친구 생일이어서 학교 근처 일식집에 갔습니다. 거기서 우리들은 돈가스를 먹었습니다. 아주 맛있었습니다. 오후 수업이 끝난 후에는, 항상 학교 근처 카페에서 아르바이트를 합니다. 하지만 오늘은 아르바이트를 하러 가지 않았습니다. 내일 발표 준비 때문에 쉬었습니다. 그리고 집에서 새벽 2시까지 발표 준비를 했습니다. 매일 바쁘지만, 대학 생활은 아주 즐겁습니다.

10 | 도쿄에 '성지 순례'를 하러 가고 싶습니다

대화

박승재　앞으로 한 달만 있으면 여름방학이네요. 여름방학, 정말 기다려진다.

스즈키 미키　하지만 그전에 기말고사가 있어요.

박승재　그러네요··· 그래도 작년에는 입시 때문에 여름방학에는 하루 종일 공부만 했기 때문에, 올해는 놀고 싶어요!

스즈키 미키　대학교 여름방학은 길어요. 무엇을 하고 싶어요?

박승재　도쿄에 '성지 순례'를 하러 가고 싶어요. 『슬램덩크』의 가마쿠라나 『너의 이름은.』의 스와 호수, 그리고 『귀멸의 칼날』의 하치만 카마도 신사에 가고 싶어요. 주제가를 들으면서 성지를 걷고 싶어요.

스즈키 미키　[일본 지도를 보여주면서] 가마쿠라도, 스와 호수도, 『귀멸의 칼날』 신사도 전부 도쿄가 아니에요. 가마쿠라는 여기고, 스와 호수는 여기고, 그리고 하치만카마도 신사는 오이타현에 있어요. 여기가 오이타현이에요. 여행은 열흘 정도 예정이에요?

박승재　아니요, 설마요! 2박 3일 정도?

스즈키 미키　아아, 무리예요. 돈도 엄청 들 것 같아요. 교통비와 숙박비와 식비로 20만 엔 정도려나···.

박승재　네? 20만 엔이나요? 그런 돈 없어요···.

스즈키 미키　괜찮아요. 도쿄에도 유명한 애니메이션 성지가 꽤 많이 있어요.

독해

일본어 동아리에서 함께 일본어를 공부하지 않을래요?

일본인 유학생과 교류하면서 일본어를 즐겁게 공부해요!

활동 내용: 매주 월요일에 활동합니다! (시험 전 주와 시험 기간에는 활동하지 않습니다.)

1년에 2회, 일본 센터에 일본 영화를 보러 갑니다.

학기 중 2회, 일식집에 일본 가정 요리를 먹으러 갑니다.

월 1회, 노래방에 J-POP을 부르러 갑니다. 참가 신청: nihongoclub@mju.ac

11 | 병원에 빨리 가 보세요

대화

다나카 사쿠라　[기침을 한다] 콜록콜록. 11월이 되니 꽤 추워졌네요.

김세나　괜찮아요? 아까부터 계속 기침을 하네요. 감기예요?

다나카 사쿠라　잘 모르겠어요. 그런데 어제부터 기침이랑 콧물이 심해서….

김세나　그거 큰 일이네! 병원에는 갔어요?

다나카 사쿠라　아니요. 오늘은 아침부터 지금까지 계속 수업이 있어서….

김세나　잠깐만요. 제가 좀 찾아볼게요. [휴대폰을 꺼낸다] 아, 학교 근처 명지내과의원은 7시까지 진료하네요. 접수는 6시 반까지네요. 인터넷으로 예약할게요.

다나카 사쿠라　역시 한국! 고마워요.

김세나　예약했어요. 병원에 빨리 가보세요. 예약 확인 화면 캡처해서 보내줄게요. 자, 보냈어요. 확인해 보세요.

다나카 사쿠라　우와~, 정말 편리해졌네요. 고마워요.

김세나　얼른 다녀와요. 몸조리 잘하고요!

다나카 사쿠라　네. 다녀올게요.

독해

어제는 병원에 가서 접수처에서 이름을 말하고, 대기실 소파에 앉아 10분 정도 기다렸습니다. 진료를 받고 처방전을 받아서 약국에 가서 약을 받았습니다. 그리고 편의점에 들러서 물과 레토르트 죽을 사서 집으로 돌아왔습니다. 집에서 죽을 먹고 약을 먹은 뒤, 양치질을 하고 따뜻하게 하고 잤습니다. 자기 전에 홍삼 진액을 마셔 보았습니다. 몸이 후끈후끈 따뜻해졌습니다. 덕분에 몸이 좀 가분해졌습니다. 오늘은 학교를 쉬었습니다. 지금은 침대에서 동영상을 보면서 푹 쉬고 있습니다. 얼른 나아서 내일은 학교에 가고 싶습니다.

12 | 한국 요리를 먹거나 시장에 가거나 하고 싶습니다

대화

다나카 사쿠라 다음 주에 저희 어머니가 서울에 놀러 오세요.

김세나 좋네요. 어머니는 서울에 오신 적 있어요?

다나카 사쿠라 아니요, 없어요. 부산에는 가 보신 적이 있지만, 서울은 처음이에요.

김세나 그래요? 어머니와 서울에서 뭐 하고 싶어요?

다나카 사쿠라 맛있는 한국 요리를 먹거나, 시장에 가거나 하고 싶어요.

김세나 어머니가 좋아하시는 한국 요리는 뭐예요?

다나카 사쿠라 간장게장이에요. 어머니는 매운 음식을 잘 못 드셔서….

김세나 아, 그래요? 그럼, 본고장의 간장게장을 먹으러 신사동에 가세요. 신사동에 가면 간장게장 가게가 많이 있어요.

다나카 사쿠라 알겠어요. 신사동이요. 나중에 찾아볼게요. 그리고 시장은 어디가 좋아요? 저는 광장시장과 동대문시장에 간 적이 있는데, 외국인들만 있어서 별로였어요.

김세나 맞아요. 요즘 시장이 외국인 관광객들에게 인기가 많아서, 유명한 시장은 어디든 관광객들로 가득하니 평범한 작은 시장에 가는 것이 좋을 것 같아요. 학교 근처에도 있어요.

다나카 사쿠라 좋네요. 그럼, 대학교를 안내한 후에 시장에 가볼게요.

독해

어제 일본에서 어머니가 오셨다. 김포공항으로 마중을 나갔다. 호텔까지 버스로 이동했다. 나는 기숙사에 살고 있어서, 명동에 있는 호텔에서 어머니와 묵었다. 방은 그다지 넓지 않았지만 깨끗했다. 호텔 앞에는 포장마차가 많이 있었다. 나와 어머니는 포장마차에서 떡볶이와 닭꼬치를 먹었다. 외국인 관광객이 정말 많이 있었다. 그 후, 어머니와 쇼핑을 하거나 신사동에서 간장게장을 먹거나 했다. 면세점에도 갔다. 11시쯤 호텔로 돌아왔다. 샤워를 한 뒤, 둘이서 계속 이야기를 나누었다. 오늘은 한국대학교에 갔다. 어머니께 캠퍼스를 안내해드렸다. 학생 식당에서 밥을 먹거나, 학교 근처 시장에서 꽈배기를 먹거나 했다. 한강에도 갔다. 배는 불렀지만, 한강에서 라면도 먹었다. 내일 어머니는 저녁 비행기로 일본에 돌아가신다. 시간이 있으니, 내일은 한복을 입고 사진을 찍거나 백화점에서 선물을 사거나 하고 싶다.

13 | 절대로 결석하지 마세요

대화

선생님 설명은 여기까지입니다.
[학생들이 가려고 한다]

선생님 아, 아직 가지 마세요. 마지막으로, 질문 있나요?

김세나 네!

선생님 김세나 학생, 말해보세요.

김세나 자매 학교 방문 후에, 다 같이 한국으로 돌아오지 않고 혼자 일본 여행을 하고 싶은데, 괜찮을까요?

선생님 아니요, 모든 일정은 전원 함께 행동합니다. 절대로 혼자서 행동하지 마세요.

김세나 알겠습니다.

선생님 다음 질문하세요.

박승재 저요!

선생님 박승재 학생, 말해보세요.

박승재 출국 전날까지 아르바이트를 할 예정입니다. 전날 오리엔테이션은 온라인인가요? 오프라인인가요?

선생님 오리엔테이션은 오프라인으로 진행합니다. 마지막으로 중요한 확인을 할 거니까, 전날 오리엔테이션은 모두 절대로 결석하지 마세요.

학생들 네, 알겠습니다.

선생님 그리고 여권 사본을 다음 주에 잊지 말고 제출하세요.

학생들 네, 알겠습니다.

독해

이번 여름방학에 일본 이와테현에 간다. 자매 학교인 이와테 대학을 5박 6일 일정으로 방문한다. 자유 행동 날에는 유명한 고이와이 농장에 갈 생각이다. 그곳에서는 아주 맛있는 아이스크림이나 치즈를 먹을 수 있다. 또, 밤에는 아름다운 밤하늘을 볼 수 있다. 꼭 가보고 싶다. 이와테의 유명한 '완코소바', '모리오카 냉면', '모리오카 자자멘'도 먹어볼 생각이다. 점심은 자유롭게 좋아하는 가게에 갈 수 있으니까, 꼭 먹어보고 싶다. 그리고 언젠가 겨울에도 이와테에 가고 싶다. 겨울에 이와테에 가면 스키를 탈 수 있다. 그리고 싸고 맛있는 해산물을 먹을 수도 있다. 이와테에서는 도쿄나 오사카처럼 쇼핑을 즐길 수는 없다. 세련된 카페에 갈 수도 없다. 하지만 이와테에서는 자연을 느낄 수 있다. 빨리 이와테에 가보고 싶다.

연습문제 해답

02 기본 연습

01

	①		②		③	
국적	☑ 한국	□ 일본	☑ 일본	□ 중국	☑ 베트남	□ 중국
학과	□ 한국어	☑ 일본어	☑ 한국어	□ 중국어	□ 일본어	☑ 경제학
이름	□ 이유미	☑ 전혜미	☑ 키무라아야	□ 키타노유미	☑ 황 빙 밍	□ 하 노 이
학년	☑ 1 □ 2	□ 3 □ 4	□ 1 ☑ 2	□ 3 □ 4	□ 1 □ 2	☑ 3 □ 4

음성

① こんにちは。はじめまして。韓国大学(かんこくだいがく)、日本語日本文学専攻(にほんごにほんぶんがくせんこう)1年(いちねん)のチョン・ヘミです。よろしくお願(ねが)いします。

(안녕하세요. 처음 뵙겠습니다. 한국대학교, 일어일문학 전공 1학년 최혜미입니다. 잘 부탁합니다.)

② こんにちは。はじめまして。日本(にほん)の九州大学(きゅうしゅうだいがく)、韓国語学科(かんこくごがっか)2年(にねん)の木村(きむら)あやです。よろしくお願いします。

(안녕하세요. 처음 뵙겠습니다. 일본의 규슈대학교, 한국어학과 2학년 기무라 아야입니다. 잘 부탁합니다.)

③ こんにちは。はじめまして。ベトナムのハノイ大学(だいがく)、3年(さんねん)のファン・ビン・ミンです。専攻(せんこう)は日本語(にほんご)じゃありません。経済学(けいざいがく)です。どうぞよろしくお願いします。

(안녕하세요. 처음 뵙겠습니다. 베트남의 하노이대학교, 3학년 황빙밍입니다. 전공은 일본어가 아닙니다. 경제학입니다. 잘 부탁합니다.)

02

① 처음 뵙겠습니다.	こんばんは。
② 안녕하세요? (아침 인사)	こんにちは。
③ 안녕하세요? (낮 인사)	おはようございます。
④ 안녕하세요? (밤 인사)	はじめまして。
⑤ 잘 부탁합니다.	どうぞよろしくお願いします。
⑥ 아무쪼록 잘 부탁합니다.	よろしくお願いします。

(연결: ① – はじめまして。 ② – おはようございます。 ③ – こんにちは。 ④ – こんばんは。 ⑤ – よろしくお願いします。 ⑥ – どうぞよろしくお願いします。)

03

① 私は鈴木美紀です。　② 私は【본인 이름】です。

③ 私は日本語日本文学科です。　④私は【본인 학과】です。

04

① 私は韓国語学科の鈴木美紀です。

② 私は韓国大学の２年生(２年)です。

③ 私は韓国大学【본인 학과】の【본인 이름】です。

05

① ヘミさんは２年生ですか。 いいえ、２年生(２年)じゃありません。 １年生(1年)です。

② 鈴木さんは日本語学科ですか。 いいえ、日本語学科じゃありません。 韓国語学科です。

③ 専攻は日本語ですか。 いいえ、日本語じゃありません。 経済学です。

06

이름	박승재(パク・スンジェ)	다나카(田中)	김세나(キム・セナ)	야마모토(山本)
국적	한국/韓国	일본/日本	한국/韓国	일본/日本
학교	한국대학교/韓国大学	-	한국대학교/韓国大学	-
직업	학생/学生	유학생/留学生	-	대학원생/大学院生
학과	-	-	일본어학과/日本語学科	경영학과/経営学科
학년	-	2 학년/ 2 年生	1학년/1 年生	1학년/1年生

음성 ① パク・スンジェさんは韓国人(かんこくじん)で、韓国大学(かんこくだいがく)の学生(がくせい)です。

(박승재 씨는 한국인이고, 한국대학교 학생입니다.)

② 田中(たなか)さんは日本人留学生(にほんじんりゅうがくせい)で、2年生(にねんせい)です。

(다나카 씨는 일본인 유학생이고, 2학년입니다.)

③ キム・セナさんは韓国大学の学生で、日本語学科(にほんごがっか)の1年生(いちねんせい)です。

(김세나 씨는 한국대학교 학생이고, 일본어학과 1학년입니다.)

④ 山本(やまもと)さんは大学院(だいがくいん)の1年生で、専攻(せんこう)は経営学(けいえいがく)です。

(야마모토 씨는 대학원 1학년이고, 전공은 경영학입니다.)

07 ①で ②で ③で ④で

08 정답 예 생략

응용연습 1 정답 예 생략

응용연습 2 정답 예 생략

03 기본 연습

01 ① b ② a ③ d ④ c

음성

① A: これは何(なん)ですか。 B: これは韓国(かんこく)のお餅(もち)です。
(A: 이것은 무엇입니까? B: 이것은 한국의 떡입니다.)

② A: これは何ですか。 B: これは日本(にほん)のお餅です。
(A: 이것은 무엇입니까? B: 이것은 일본의 떡입니다.)

③ A: これは何ですか。 B: これは日本のお菓子(かし)です。名前(なまえ)はもみじ饅頭(まんじゅう)です。
(A: 이것은 무엇입니까? B: 이것은 일본의 과자입니다. 이름은 모미지만주입니다.)

④ A: これは何ですか。 B:これは韓国のお菓子です。名前はヤックァです。
(A: 이것은 무엇입니까? B: 이것은 한국의 과자입니다. 이름은 약과입니다.)

02

① (これ) は何(なん)ですか。(それ) は日本(にほん)のお餅(もち)です。

② (あれ) は何ですか。(あれ) は牛丼(ぎゅうどん)です。

③ (それ) は何ですか。(これ) はおそばです。

④ (これ) は何ですか。お弁当(べんとう)ですか。いいえ、(これ) はお弁当じゃありません。
(これ) はお節料理(せちりょうり)です。

03

① (ここ) は広蔵市場(クァンジャンいちば)です。

② (これ) は何(なん)ですか。(それ) は韓国(かんこく)のソーセージです。名前(なまえ)は[スンデ]です。

③ (あれ) は何ですか。(あれ) は韓国ののりまきです。名前は[キンパ]です。

④ (それ) は何ですか。(これ) は[クァベギ]です。韓国のドーナツです。

⑤ (これ) はパンですか。いいえ、パン[じゃありません]。(それ) は韓国のお餅(もち)です。
名前は[ペクソルギ]です。

⑥ すみません。トイレは[どこ]ですか。トイレは (あそこ) です。

04 정답 예 생략

05 ①

18	19	20	21	22	23	24
엄마	사이토선배	야마모토선배	스즈키	다나카		
25	26	27	28	29	30	31

② 18일・・・一昨日(おととい) / でした　19일・・・昨日(きのう) / でした　20일・・・今日(きょう) / です　21일・・・明日(あした) / です　22일・・・明後日(あさって) / です

음성 今日(きょう)は山本先輩(やまもとせんぱい)の誕生日(たんじょうび)です。明日(あした)は佐藤(さとう)さんの誕生日じゃありません。鈴木(すずき)さんの誕生日です。明後日(あさって)は田中(たなか)さんの誕生日です。昨日(きのう)は斎藤先輩(さいとうせんぱい)の誕生日でした。一昨日(おととい)は母(はは)の誕生日でした。

(오늘은 야마모토 선배님의 생일입니다. 내일은 사토 씨의 생일이 아닙니다. 스즈키 씨의 생일입니다. 모레는 다나카 씨의 생일입니다. 어제는 사이토 선배님의 생일이었습니다. 그저께는 어머니의 생일이었습니다.)

③ 18일・・・ 一昨日(おととい)は私(わたし)の誕生日(たんじょうび)でした。
19일・・・ 昨日(きのう)は父(ちち)の誕生日でした。
20일・・・ 今日(きょう)はスンジェさんの誕生日です。
21일・・・ 明日(あした)は木村さんの誕生日です。
22일・・・ 明後日(あさって)はセナさんの誕生日です。

06 ①2時(にじ)　②4時(よじ)　③7時(しちじ)　④9時30分(くじさんじゅっぷん)/9時半(くじはん)　⑤11時(じゅういちじ)　⑥4時40分(よじよんじゅっぷん)　⑦7時15分(しちじじゅうごふん)

07 ニューヨーク/午後9時10分(ごごくじじゅっぷん)　東京(とうきょう)/朝(あさ)の10時10分(じゅうじじゅっぷん)　シドニー/夜(よる)の12時10分(じゅうにじじゅっぷん)　ロンドン/夜の2時10分(にじじゅっぷん)

08 ①

18	19 아침 9:15~ 저녁 4:30	20 아침 9:00~ 낮 12:00	21 낮 12:30~ 저녁 5:00	22	23	24
25	26	27	28	29	30	31

② 19일・・・ 昨日 / 朝 / 9:15/夕方 / 4:30/でした / じゃありませんでした

20일・・・ 今日 / 朝 / 9:00 / お昼 / 12:00 / です

21일・・・ 明日 / お昼 / 12:30 / 夕方 / 5:00 / です

음성 A: 今日の授業は何時からですか。 B: 朝の9時からです。

(A: 오늘 수업은 몇 시부터입니까? B: 아침 9시부터입니다.)

A: 何時までですか。 B:お昼の12時までです。

(A:몇 시까지입니까? B: 낮 12시까지입니다.)

A: 明日の授業は何時から何時までですか。 B: お昼の12時半から夕方の5時までです。

(A: 내일 수업은 몇 시부터 몇 시까지입니까? B: 낮 12시 반부터 저녁 5시까지입니다.)

A: 昨日の授業は何時から何時まででしたか。

B: 朝の9時 1 5分から夕方の4時２０分まででした。あ、4時20分までじゃありませんでした。4時半まででした。

(A: 어제 수업은 몇 시부터 몇 시까지였습니까?

B: 아침 9시 15분부터 저녁 4시 20분까지였습니다. 아, 4시 20분까지가 아니었습니다. 4시 30분까지였습니다.)

응용연습 1 정답 예 생략

응용연습 2 정답 예 생략

04 기본 연습

01 ―――――――

02 ①¥110 ②¥230 ③¥360 ④¥450 ⑤¥870 ⑥¥680 ⑦¥998 ⑧¥707 ⑨¥1,000 ⑩¥1,980 ⑪¥3,850 ⑫¥6,545 ⑬₩8,700 ⑭₩9,800 ⑮₩10,100 ⑯₩37,600

음성

① A: このシャーペン、いくらですか。 B: 110円（ひゃくじゅうえん）です。

(A: 이 샤프펜슬, 얼마입니까? B:110엔입니다.)

② A: このボールペン、いくらですか。 B: 230円（にひゃくさんじゅうえん）です。

(A: 이 볼펜, 얼마입니까? B:230엔입니다.)

③ A: この修正（しゅうせい）テープ、いくらですか。 B: 360円（さんびゃくろくじゅうえん）です。

(A: 이 수정테이프, 얼마입니까? B: 360엔입니다.)

④ A: このバインダー、いくらですか。 B: 450円（よんひゃくごじゅうえん）です。

(A: 이 바인더, 얼마입니까? B: 450엔입니다.)

⑤ A: このラーメン、いくらですか。 B: 870円（はっぴゃくななじゅうえん）です。

(A: 이 라면, 얼마입니까? B: 870엔입니다.)

⑥ A: このお弁当（べんとう）、いくらですか。 B: 680円（ろっぴゃくはちじゅうえん）です。

(A: 이 도시락, 얼마입니까? B:680엔입니다.)

⑦ A: いらっしゃいませ。おすし、安（やす）いですよ。 B: いくらですか。

A: 20%（にじゅっパーセント）オフで998円（きゅうひゃくきゅうじゅうはちえん）です。

(A:어서 오세요 초밥 저렴합니다. B:얼마입니까?

A: 20% 할인해서 998엔입니다.)

⑧ A: このかき氷（ごおり）、いくらですか。 B: 707円（ななひゃくななえん）です。

(A:이 빙수, 얼마입니까? B:707엔입니다.)

연습문제 해답

⑨ A: カットはいくらですか。 B: 税込み1000円（せんえん）です。

(A: 커트는 얼마입니까? B:세금 포함 1000엔입니다.)

⑩ A: このスニーカー、いくらですか。 B: 1980円（せんきゅうひゃくはちじゅうえん）です。

(A: 이 스니커, 얼마입니까? B: 1980엔입니다.)

⑪ A: このワンピース、かわいい！いくらですか。

B: 3850円（さんぜんはっぴゃくごじゅうえん）です。

(A: 이 원피스, 예쁘다! 얼마입니까? B: 3850엔입니다.)

⑫ A: このスーツケース、いくらですか。

B: 税込みで6545円（ろくせんごひゃくよんじゅうごえん）です。

(A: 이 여행 가방, 얼마입니까? B: 세금 포함해서 6545엔입니다.)

⑬ A: チヂミはいくらですか。8,700（はっせんななひゃく）ウォンです。

(A: 전(부침개)은 얼마입니까? B:8700원입니다.)

⑭ A: ビビンバはいくらですか。 B: 9,800（きゅうせんはっぴゃく）ウォンです。

(A: 비빔밥은 얼마입니까? B: 9800원입니다.)

⑮ A: ユッケジャンはいくらですか。 B: 10,100（いちまんひゃく）ウォンです。

(A: 육개장은 얼마입니까? B: 10100원입니다.)

⑯ A: この料理はいくらですか。

B: あ、チーズタッカルビですね。え～、37,600（さんまんななせんろっぴゃく）ウォンです。

(A: 이 요리는 얼마입니까? B: 치즈 닭갈비말이죠? 37600원입니다.)

03

①

おにぎり	1 개
やきそば	3 개
たこやき	2 개
おこのみやき	1 개

②

うどん	4 개
ざるそば	2 개
コーラ	5 개
ジュース	1 개

③

アイスコーヒー	6 개
カフェラテ	8 개
カフェモカ	7 개
ショートケーキ	9 개

음성 ① すみません。おにぎりを一つと焼きそばを三つ、たこ焼き二つください。お好み焼きも二つください。

(저기요. 주먹밥 1개와 야키소바 3개, 다코야키 2개 주세요. 오코노미야키도 2개 주세요.)

② すみません。ざるそばを二つ、うどんを四つ、それからコーラを五つください。あと、ジュースを三つください。あ、すみません。ジュースは一つでお願いします。

(저기요, 자루소바 2개, 우동 4개, 그리고 콜라 5개 주세요. 그리고 주스 3개 주세요. 아, 죄송해요. 주스는 1개로 부탁합니다)

③ すみません。アイスコーヒー六つとカフェモカを七つお願いします。それから、カフェラテを八つください。あ、ショートケーキもください。ショートケーキは九つで。

(저기요. 아이스커피 6개와 카페모카 7개 부탁합니다. 그리고 카페라테 8개 주세요. 아, 딸기 생크림 케이크도 주세요. 딸기 생크림 케이크는 9개로.)

04 ① すみません。おにぎりを五つ、焼きそばを二つ、たこ焼きを三つください。お好み焼きも一つお願いします。

② すみません。うどんを九つ、ざるそばを六つ、コーラを八つください。ジュースも二つください。

③ アイスコーヒーを七つとカフェラテを四つとカフェモカを一つください。ショートケーキも一つください。

05 정답 예 생략

06 정답 예 생략

07

曜日	Mon.	Tue.	Wed.	Thu.	Fri.	Sat.	Sun.
スケジュール	회화시험/ 会話テスト	알바/ バイト	동아리 오후1:00~/ サークル 午後1:00~	알바/ バイト	알바/ バイト	데이트/ デート	알바/ バイト

연습문제 해답

음성 月曜日は会話のテストです。火曜日と木曜日と金曜日はバイトです。サークルは水曜日の午後1時からです。土曜日はデートです。あ、日曜日もバイトです。

(월요일은 회화시험입니다. 화요일과 목요일과 금요일은 아르바이트입니다. 동아리는 수요일 오후 1시부터입니다. 토요일은 데이트입니다. 아, 일요일도 아르바이트입니다.)

08 정답 예 생략

응용연습 1 정답 예 생략

응용연습 2 정답 예 생략

05 기본 연습

01 ① 本—【あります】 ② 妹—【います】 ③ 犬—【います】
④ 桜—【あります*】 ⑤ トイレ—【あります】 ⑥ 授業—【あります】
*식물이면 あります, 사람 이름이면 います

02

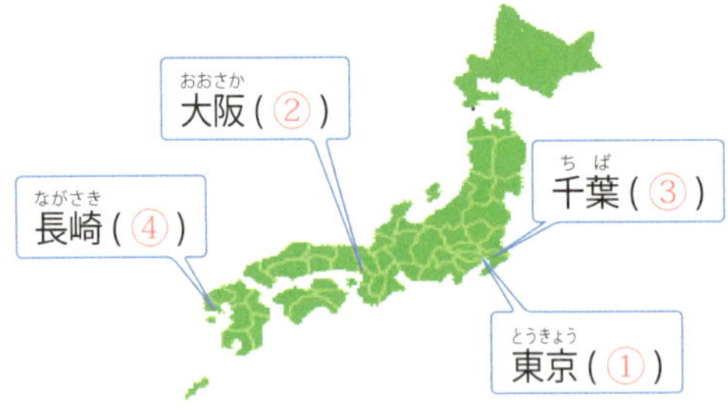

음성 スカイツリーは東京にあります。ユニバーサルスタジオジャパンは大阪にあります。東京ディズニーランドは東京にありません。千葉にあります。ハウステンボスは長崎にあります。

(스카이트리는 도쿄에 있습니다. 유니버설 스튜디오 재팬은 오사카에 있습니다. 도쿄 디즈니랜드는 도쿄에 없습니다. 치바에 있습니다. 하우스텐보스는 나가사키에 있습니다.)

03 ① A: 会話の教室はどこにありますか。　B: 7階にあります。

② A: 先生の研究室はどこにありますか。　B: 8階にあります。

③ A: 大ホールはどこにありますか。　B: 10階にあります。

④ A: コンビニはどこにありますか。　B: 4階にあります。

⑤ A: イングリッシュカフェはどこにありますか。　B: 1階にあります。

04 (a) A: 木村先生はどこにいますか。　B: 4階にいます。/4階のコンビニにいます。

(b) A: 李先生はどこにいますか。　B: 8階にいます。/8階の先生の研究室にいます。

(c) A: 桜さんはどこにいますか。　B: 10階にいます。/10階の大ホールにいます。

(d) A: 山本先輩はどこにいますか。　B: 3階にいます。/3階の教室にいます。

(e) A:セナさんはどこにいますか。　B: 1階にいます。/1階のイングリッシュカフェにいます。

(f) A: スンジェさんはどこにいますか。　B: 7階にいます。/7階の会話の教室にいます。

05 ① お金がありません。　② 眼鏡がありません。　③ 傘がありません。

④ 犬がいません。　⑤ 時間がありません。　⑥ お客さんがいません。

06 정답 예 생략

07 ① 犬は箱の下にいます。　② 犬は箱の横[右]にいます。　③ 犬は箱の横[左]にいます。

④ 犬は箱の中にいます。　⑤ 犬は箱の後ろにいます。　⑥ 犬は箱の前にいます。

⑦ 犬は猫[熊]の隣にいます。

08 ① 兄弟は[います]か。 — はい、妹がいます。/はい、妹が一人います。

② 彼氏は[います]か。 — はい、今、軍隊にいます。

③ 家にペットは[います]か。 — いいえ、いません。

④ 日本人の友達は何人[います]か。 — 五人います。

⑤ 学校はどこに[あります]か。 — ソウルにあります。

⑥ 学校には日本人の先生が[います]か。 — はい、二人います。

⑦ 大学の近くには地下鉄の駅が[あります]か。 — はい、あります。

응용연습 1

01/02/03 정답 예 생략

04 음성

セナ・スンジェ：みなさん、①こんにちは。

セナ：私は韓国大学 ②日本語日本文学科のキム・セナです。

スンジェ：③同じく韓国大学の日本語日本文学科1年のパク・スンジェです。

セナ：今、私たちは韓国大学 ④の図書館にいます。

スンジェ：しー! ⑤勉強中の学生が ⑥たくさんいます。

セナ：あ、⑦すみません…。

え～、韓国大学の ⑧図書館には ミニシアター ⑨があります。

ミニシアターは ⑩図書館の３階にあります。

スンジェ：え?階段?

セナ：エレベーター ⑪もあります。

スンジェ：(`･ω･´)b

ここがミニシアターです。韓国の映画、日本の映画、中国の映画 ⑫もあります。

セナ：すごい!

セナ・スンジェ：⑬ 以上（いじょう）、韓国大学のミニシアターの ⑭ 紹介でした！

(세나·승재 : 여러분, ① 안녕하세요.

세나 : 저는 한국대학교 ② 일어일문학과의 김세나입니다.

승재 : ③ 마찬가지로 한국대학교 일어일문학과 1학년 박승재입니다.

세나 : 지금 저희들은 한국대학교 ④ 도서관에 있습니다.

승재 : 쉿! ⑤ 공부중인 학생이 ⑥ 많이 있습니다.

세나 : 아, ⑦ 미안해요….

앗~, 한국대학교 ⑧ 도서관에는 소형 영화관 ⑨ 이 있습니다.

소형 영화관은 ⑩ 도서관 3층에 있습니다.

승재 : 어? 계단?

세나 : 엘리베이터 ⑪ 도 있습니다.

승재 : (`･ω･´)b

이곳이 미니 시어터입니다. 한국 영화, 일본 영화, 중국 영화 ⑫ 도 있습니다.

세다 : 굉장하다 !

세나·승재 : ⑬ 이상, 한국대학교의 소형 영화관 ⑭ 소개였습니다 !)

05 정답 예 생략

응용연습 2

01 ① いいえ、水原（スウォン）にあります。 ② いいえ、 仏国寺(プルグクサ)は慶州（キョンジュ）にあります。 ③ パン屋（や）です。大田（テジョン）にあります。とても有名（ゆうめい）です。 ④ 大田（テジョン）はここにあります。 ⑤ 中央路（チュンアンロ） 駅（えき）の近（ちか）くにあります。

02 정답 예 생략

03 스크립트

여러분, 안녕하세요. 일어일문학과 1학년 김세나입니다.

발표타이틀은 '아오모리현'입니다. 잘 부탁합니다.

슬라이드를 봐 주세요. 이것은 일본 지도입니다.

아오모리현은 이곳이고 홋카이도는 이곳입니다.

홋카이도의 남쪽에 있습니다.

아오모리는 '네부타축제'가 유명합니다.

아오모리 시내에는 '네부타축제' 박물관이 있습니다.

이름은 '네부타 뮤지엄 와랏세'입니다.

아모모리 역 옆에 있습니다.

박물관에 한국인 가이드는 없습니다만, 홈페이지에는 한국어가 있습니다.

발표는 이상입니다. 감사합니다.

04 정답 예 생략

06 기본 연습

01 富士山(ふじさん)はきれいです。/ スマホは便利(べんり)です。/先生(せんせい)は親切(しんせつ)です。/ キムチチゲは簡単(かんたん)です。/弘大(ホンデ)はにぎやかです。/ 韓国(かんこく)のカフェはおしゃれです。/ 図書館(としょかん)は快適(かいてき)です。/ 韓国(かんこく)大学(だいがく)の学生(がくせい)は真面目(まじめ)です。/ 日本語(にほんご)は簡単です。/ 傘(かさ)は不便(ふべん)です。/ 傘は便利じゃありません。/ 弘大は静(しず)かじゃありません。/ 日本語は簡単じゃありません。/ 先生はおしゃれじゃありません。

02 ① はい、好(す)きです。 ② はい、簡単(かんたん)です。 ③ はい、得意(とくい)です。
④ はい、親切(しんせつ)です。 ⑤はい、 きれいです。

03 ① いいえ、好(す)きじゃありません。 ② いいえ、簡単(かんたん)じゃありません。
③ いいえ、得意(とくい)じゃありません。 ④ いいえ、嫌(きら)いじゃありません。
⑤ いいえ、苦手(にがて)じゃありません。

04 ① (b) ② (b)(c) ③ (c)

05 ① 有名(ゆうめい)な大学(だいがく) ② 親切(しんせつ)な先生(せんせい) ③ 元気(げんき)な学生(がくせい)
④ 漢南洞(ハンナムドン)/おしゃれな所(ところ) ⑤ ビビンバ/有名な食(た)べ物(もの)

06 ① わあ! 大(おお)きな家(いえ)! ② わあ!きれいな海(うみ)! ③ わあ!きれいな発音(はつおん)!
④ わあ!おしゃれな部屋(へや)!

07 ① で - ビビンバ ② で - ドラマ ③ で - 漢江(ハンガン) ④ で - チムジルバン

08 ① 이상형: 元気(げんき)で親切(しんせつ)な人(ひと) / おしゃれで爽(さわ)やかな人(ひと) / 真面目(まじめ)で一生懸命(いっしょうけんめい)な人(ひと)
싫어하는 사람 : 不親切(ふしんせつ)で不真面目(ふまじめ)な人(ひと) / 勉強(べんきょう)が嫌(きら)いで不真面目(ふまじめ)な人(ひと)

09 ① 簡単(かんたん)で ② おしゃれで ③ 親切(しんせつ)で ④ 便利(べんり)で ⑤ 不便(ふべん)で

응용연습 1

01 ① 好(す)きな / 何(なん)です ② 好きな日本(にほん)の / 何です ③ 好きな日本の / 誰(だれ)
④ 好きな / 何です ⑤ 得意(とくい)な / 何です ⑥ 嫌(きら)いな日本の / 何です
⑦ 嫌いな / 何です ⑧ 得意(とくい)です ⑨ 何(なに)が ⑩ 何が苦手(にがて)

02/03 정답 예 생략

응용연습 2

정답 예 생략

07 기본 연습

01 富士山は遠いです。/ ハワイは暖かいです。/ スカイツリーは高いです。/ 授業はおもしろいです。/ 韓国大学はいいです。/ 日本語はやさしいです。/ 先生はやさしいです。
ケーキは安くありません。/ ダイソーは高くありません。/キムチは甘くありません。/ 梅干しはおいしくありません。/ 温泉は遠くありません。

02 ① はい、おもしろいです。 ② はい、安いです。 ③ はい、分かりやすいです。
④ はい、とてもやさしいです。 ⑤はい、難しいです。

03 ① いいえ、遠くありません。 ② いいえ、難しくありません。 ③ いいえ、安くありません。
④ いいえ、おいしくありません。 ⑤ いいえ、あまりよくありません。

04 ① 難しくありませんか ② 少なくありませんか ③ 辛くありませんか
④ 多くありませんか ⑤ 涼しくありませんか

05 ① いい大学 ② おもしろい先生 ③ 明るい人
④ 済州島 / 暖かい所 ⑤『ヒーロー』/ おもしろいドラマ

06 ① 安っ！ ② 高っ！ ③ 痛っ！ ④ 甘っ！ ⑤ おもしろっ！

07 ① 辛ラーメン – 安くておいしい / スンドゥブチゲ – 熱くて辛い / テンジャンチゲ – 熱くてしょっぱい
② 冷麺 – 冷たくておいしい / ビビンバ – 野菜が多くておいしい / プンオッパン – 甘くておいしい
③ 辛ラーメン – 辛いですが、おいしい / テンジャンチゲ – しょっぱいですが、おいしい / 梅干し – すっぱくておいしい

08 ①-ⓐ　②-ⓓ　③-ⓑ　④-ⓒ

① この店は高いから、学生に人気がありません。

② この店のスタッフは日本語が上手だから、日本人に人気です。

③ この店は量が多いから、学生に人気です。

④ この店は雰囲気がいいから、カップルに人気です。

09 ① この教科書は分かりやすいし、安いし、とてもいいです。

② 日本語は文法も難しくないし、ひらがなもやさしいし、勉強が楽しいです。

③ 中国語は発音も難しいし、漢字も難しいし、勉強が大変です。

④ アラビア語は、発音も難しいし、文字も難しいし、文法も難しいし、勉強が本当に大変です。

응용연습 1

01 ① 田中桜: 今日のメニューはAセットがビビンバで、Bセットがカレーライスです。

セナ: ❶うわ！カレーか…

田中桜: セナさんは ❷カレーが嫌いなんですか。

キム・セナ: ❸はい、辛いものが苦手なんです。

② 田中桜: 今日のメニューはAセットがビビンバで、Bセットがカレーライスです。

セナ: ❶あ、ツナビビンバ…

田中桜: セナさんは ❷ツナが苦手なんですか。

キム・セナ: ❸いいえ、今日の朝ご飯がツナのサンドイッチだったんです。

③ 田中桜: 今日のメニューはAセットがビビンバで、Bセットがカレーライスです。

セナ: ❶やった！ビビンバ！

田中桜: セナさんは ❷野菜が好きなんですか。

キム・セナ: ❸いいえ、今、ダイエット中なんです。

02 ① 昨日から風邪なんです… ② 朝から今までテストだったんです…
③ 今日の朝までバイトだったんです… ④ 寒いんです… ⑤ 暑いんです…
⑥ お腹が痛いんです… ⑦ 日本語のテストが簡単だったんです。
⑧ 日本語のテストが100点だったんです。 ⑨ 明日、デートなんです。
⑩ 動画がすごくおもしろいんです。 ⑪ 犬がすごくかわいいんです。
⑫ ミュージックビデオがすごくいいんです。

03 정답 예 생략

응용연습 2 정답 예 생략

08 기본 연습

01 ① 暑かったです ② 涼しかったです ③ よかったです ④ 悪かったです
⑤ 忙しかったです ⑥ 嫌い[苦手]でした ⑦ 好きでした ⑧ 有名でした
⑨ 簡単でした/難しかったです ⑩ 大変でした

02 ① 暑くなかったです / 暑くありませんでした ② 高くなかったです / 高くありませんでした
③ 安くなかったです / 安くありませんでした ④ よくなかったです / よくありませんでした
⑤ 広くなかったです / 広くありませんでした
⑥ きれいではなかったです / きれいではありませんでした
⑦ 静かではなかったです / 静かではありませんでした
⑧ 上手ではなかったです / 上手ではありませんでした
⑨ 大変ではなかったです / 大変ではありませんでした
⑩ 大変ではなかったです / 大変ではありませんでした

03 ① A： たこ焼きとお好み焼き、どちらがおいしいですか。

B： たこ焼きの方がおいしいです。/お好み焼きよりたこ焼きの方がおいしいです。

② A： ドラマとアニメ、どちらがおもしろいですか。

B： アニメの方がおもしろいです。/ドラマよりアニメの方がおもしろいです。

③ A： ホットコーヒーとアイスコーヒー、どちらが好きですか。

B： アイスコーヒーの方が好きです。/ホットコーヒーよりアイスコーヒーの方が好きです。

④ A： 日本語の授業と英語の授業、どちらが楽しいですか。

B： 日本語の授業の方が楽しいです。/英語の授業より日本語の授業の方が楽しいです。

⑤ A： 犬と猫、どちらがかわいいですか。

B： 猫の方がかわいいです。/犬より猫の方がかわいいです。

⑥ A： キムさんとパクさん、どちらがかっこいいですか。

B： パクさんの方がかっこいいです。/キムさんよりパクさんの方がかっこいいです。

⑦ A： スマホとタブレット、どちらが便利ですか。

B： スマホの方が便利です。/タブレットよりスマホの方が便利です。

⑧ A： ソウルキャンパスとヨンインキャンパス、どちらが広いですか。

B： ヨンインキャンパスの方が広いです。/ソウルキャンパスよりヨンインキャンパスの方が広いです。

04 정답 예 생략

05 ① 日本料理の中で、何が一番好きですか。

② 日本料理の中で、何が一番安くておいしいですか。

③ 日本の観光地の中で、どこが一番有名ですか。

④ 日本人の歌手の中で、誰が一番好きですか。

⑤ 日本ドラマの中で、何が一番おすすめですか。

06 정답 예 생략

응용연습 1

01 ① 子どもの時、勉強が好きでしたか。今はどうですか。

② 成績はよかったですか。今はどうですか。

③ 日本のアニメが好きでしたか。今はどうですか。

④ 運動が嫌いでしたか。今はどうですか。

⑤ 英語は得意でしたか。今はどうですか。 ⑥ キムチは苦手でしたか。今はどうですか。

⑦ 健康でしたか。今はどうですか。 ⑧ 背は高かったですか。

⑨ 家から高校まで遠かったですか。 ⑩ 友達は多かったですか。

02 정답 예 생략

응용연습 2

정답 예 생략

09 기본 연습

01 ～に起きます - ~에 일어납니다 ～を食べます - ~을/를 먹습니다

～に行きます - ~에 갑니다 ～をします - ~을/를 합니다

～を見ます - ~을/를 봅니다

02 ① 好きだ ② 便利だ ③ 有名だ ④ おいしい ⑤ おいしい / 漢字

03 ① 行きます / 行きません ② します / しません ③ 見ます / 見ません

④ 食べます / 食べません ⑤ 起きます / 起きません

04 ① 行きます / 行きません ② します / しません ③ 見ます / 見ません
④ 食べます / 食べません ⑤ 起きます / 起きません

05 ① 行きません / 月曜日から木曜日まで ② しません / 金曜日と土曜日と日曜日に
③ 見ません / 月曜日と火曜日と金曜日に ④ 飲みません / 金曜日に
⑤ 起きません / 月曜日と火曜日と木曜日と金曜日に

06 ① 8時に食べます。 ② 12時に食べます。 ③ 7時に食べます。
④ 家で食べます。 ⑤ 学生食堂で食べます。 ⑥ 友達の家で食べます。
⑦ パンを食べます。 ⑧キンパとラーメンを食べます。
⑨ ご飯とスープとキムチを食べます。 ⑩ 一人で食べます。 ⑪ 先輩と食べます。
⑫ 友達と食べます。

07 ① 行きました / 行きませんでした ② しました / しませんでした
③ 見ました / 見ませんでした ④ 食べました /食べませんでした
⑤ 起きました / 起きませんでした ⑥ 食べました / まだです
⑦ 見ました / まだです ⑧ 終わりました / まだです ⑨ 作りました / まだです

08 ①-ⓐ ②-ⓒ ③-ⓕ ④-ⓑ ⑤-ⓒ ⑥-ⓔ
① 学校が近いので、いつも10時半に起きます。
② 日本語が難しいので、図書館で勉強します。
③ 火曜日は朝9時から授業なので、朝ご飯は食べません。
④ 土曜日は夜12時までバイトなので、いつも3時ごろ寝ます。
⑤ 明日、テストがあるので、図書館で勉強します。
⑥ 今日は友達の誕生日なので、カラオケに行きました。

응용연습 1

01

	～ます	～ません	～ました	～ませんでした
漢江に行く 한강에 가다	行きます	行きません	行きました	行きませんでした
日本料理を作る 일본요리를 만들다	作ります	作りません	作りました	作りませんでした
ドラマを見る 드라마를 보다	見ます	見ません	見ました	見ませんでした
韓国伝統茶を飲む 한국전통차를 마시다	飲みます	飲みません	飲みました	飲みませんでした
韓国ラーメンを食べる 한국 라면을 먹다	食べます	食べません	食べました	食べませんでした
日韓関係について話す 한일관계에 대해서 이야기하다	話します	話しません	話しました	話しませんでした
J-POPを歌う J-POP을 부르다	歌います	歌いません	歌いました	歌いませんでした

02/03 정답 예 생략

응용연습 2

01 ① いつも何時に起きますか。どうしてですか。 ② いつも朝ご飯を食べますか。
③ 何を食べますか。 ④ 学校まで何で行きますか。 ⑤ 何時間かかりますか。
⑥ 午前中の授業は何時に終わりますか。 ⑦ いつも昼ご飯はどこで食べますか。
⑧ いつも昼ご飯は誰と食べますか。 ⑨ いつも昼ご飯は何を食べますか。
⑩ 午後の授業の後、何をしますか。 ⑪ 何時に家に帰りますか。
⑫大学生活はどうですか。

02/03 정답 예 생략

10 기본 연습

01 飲みたい-마시고 싶다　買いたい-사고 싶다　食べたい-먹고 싶다　遊びたい-놀고 싶다
見たい-보고 싶다　したい-하고 싶다　帰りたい-집에 가고 싶다　行きたい-가고 싶다

02 ① が飲みたい　② が買いたい　③ が食べたい　④ に帰りたい　⑤ がしたい

03 ① 東京の築地におすしを食べに行きたいです。
② 広島にもみじまんじゅうを食べに行きたいです。
③ 高知にカツオのたたきを食べに行きたいです。
④ 北海道にラベンダーを見に行きたいです。　⑤ 兵庫に姫路城を見に行きたいです。
⑥ 静岡に富士山を見に行きたいです。　⑦ 大阪のUFJに遊びに行きたいです。
⑧ 青森にねぶた祭りを体験しに行きたいです　⑨ 新潟にスキーをしに行きたいです。

04 ①-ⓔ 私は音楽を聞きながら勉強します。 ②-ⓕ 私は歌を歌いながら公園を歩きます。
③-ⓐ 私は掃除をしながら音楽を聞きます。④-ⓖ 私は動画を見ながらシャワーをします。
⑤-ⓐ 私は勉強しながら音楽を聞きます。 ⑥-ⓓ 私は公園を歩きながら動画を見ます。
⑦-ⓑ 私はシャワーをしながら歌を歌います。 ⑧-ⓐ 私はご飯を作りながら音楽を聞きます。
⑨-ⓐ 私は運動をしながら音楽を聞きます。 ⑩-ⓔ 私はコーヒーを飲みながら勉強します。

05 ① ☺おいしそうです ☹高そうです　② ☺おいしそうです ☹甘そうです
③ ☺広そうです ☹遠そうです　④ ☺おもしろそうです ☹寒そうです
⑤ ☺よさそうです ☹空きそうです

06 ① 毎日、復習しましょう!　② なるべく日本語で話しましょう!
③ 大きい声で話しましょう!　④⑤⑥⑦ 정답 예 생략

07 ① し / し / し　② し / し / 呼び　③行き / し / 行き　④ 出 / 出 / 歩き
⑤ 行き / 行き / 行く　⑥ し / し / 食べ

08 ① 集まり / 集まり / 集まり　②決め / 決め / 決め　③調べ / 調べ / 調べ / 行き
④ し / し / し　⑤行き / 行き / 行き

응용연습 1

01 ① どこに行きたいですか。　② そこで何がしたいですか。　③ 何が食べたいですか。
④ 何が見たいですか。

02/03 정답 예 생략

응용연습 2

정답 예 생략

11 기본 연습

01 待って - 기다려(줘)　座って - 앉아(줘)　調べて - 알아봐(줘)　食べて - 먹어(줘)
起きて - 일어나(줘)　来て - 와(줘)　見て - 봐(줘)　買って - 사(줘)　書いて - 써(줘)
話して - 이야기해(줘)

02 ① 起きて　② 洗って　③ 食べて　④ 磨いて　⑤ 出て　⑥ 乗って　⑦ 受けて
⑧ 食べて　⑨ 行って　⑩ 受けて　⑫ 飲んで　⑬ 行って　⑭ 働いて　⑮ 帰って
⑯ 着替えて　⑰ 食べて　⑱ して

03 ① 教えて　② 書いて　③ 飲んで　④ 買って　⑤ 取って　⑥ よそって　⑦ して
⑧ 付いて/来て　⑨ 食べて　⑩ 送って　⑪ 行って/受けて/来て　⑫ 飲んで
⑬ 帰って/休んで

04 ① 受けて ② 覚えて/書いて ③ して ④ して ⑤ 教えて ⑥ 使って

05 ① して/頑張って ② 作って/頑張って ③ して/帰って ④ して/して
⑤ して/手伝って ⑥ 習って/教わって

06 ① 見て ② 買って ③ して ④ 話しかけて ⑤ かけて ⑥ 始めて
⑦ 入って ⑧ 登って ⑨ 乗って ⑩ 書いて ⑪ 聞いて ⑫ 歌って

07 ①-ⓐⓔ ②-ⓑⓓ ③-ⓑⓒ ④-ⓓ ⑤-ⓐⓑ

08 ① 汚く ② 暑く ③ 少なく/多く ④ 高く ⑤ おいしく/多く ⑥ よく
⑦ きれいに/なく ⑧ 難しく ⑨ 簡単に ⑩ 大学生に/ 정답 예 생략

응용연습 1 정답 예 생략

응용연습 2

01/02 정답 예 생략

03 楽に / 痛くなく / 温かく / 元気に

04 정답 예 생략

12 기본 연습

01 行った - 갔다 食べた - 먹었다 着た - 입었다 来た - 왔다 見た - 봤다
買った - 샀다 話した - 이야기했다 した - 했다 あった - (사물,식물이)있다
出した - 냈다

02 ① 来た /来た ② あった / あった ③ 見た / 見た ④ 食べた / 食べた
⑤ した / した ⑥ 出した / 出した

03 ① 住んだ / 住んだ / 住んだ / 住んだ ② 着た / 着た / 着た / 着た
③ 会った / 会った / 会った / 会った ④ 乗った / 乗った / 乗った / 乗った

04 ①-ⓒ ②-ⓑ ③-ⓓ ④-ⓔ ⑤-ⓐ

05 ① 一生懸命勉強したほうがいいですよ。 ② 夜、早く寝たほうがいいですよ。
③ もう一度買ったほうがいいですよ。 ④ 病院に行ったほうがいいですよ。

06 ① USJに行ったり、大阪城に行ったり
② 金閣寺に行ったり、会席料理を食べたり
③ 鹿と写真を撮ったり、着物を着たり
④ 道頓堀で写真を撮ったり、牛カツを食べたり
⑤ 運動をしたり、部屋の掃除をしたり

07 정답 예 생략

응용연습 1 정답 예 생략

응용연습 2

01 ① 初めて ② したい ③ したい ④ カンジャンケジャン ⑤ そうなんだ
⑥ みて ⑦ あるよ ⑧ 分かった ⑨ ね ⑩ みる ⑪ いい ⑫ あるけど
⑬ 思う ⑭ あるよ ⑮ いいね ⑯ みる

02 정답 예 생략

13 기본 연습

01 行かない - 가지 않는다　食べない - 먹지 않는다　見ない - 보지 않는다
買わない - 사지 않는다　言わない - 말하지 않는다　しない - 하지 않는다
来ない - 오지 않는다　飲まない 마시지 않는다

02 ① ある / ある / ない　② する / する / しない　③ 使う / 使う / 使わない
④ 食べる / 食べる / 食べない　⑤来る / 行く / 行かない / ない
⑥ 食べる / 食べる / 食べない / ダイエット中　⑦飲む / 飲む / 飲まない / ちょっと

03 ① 来ない / 行く / あ､うん…　②飲まない / 飲む / あ､うん…
③ しない / する / あ､うん…

04 ① 出さないで / 出さないでください / 騒がないで / 騒がないでください
② 使わないで / 使わないでください　③ しないで / しないでください
④ 寝ないで / 寝ないでください　⑤ 食べないで / 食べないでください

05 ① [짝 이름] / 昼ご飯は食べないで　② [짝 이름] / シャワーをしないで
③ [짝 이름] / はさみで切らないで　④ [짝 이름] / サンチュに包まないで
⑤ [짝 이름] / 混ぜないで

06 ① (a)毎日、日本語を一生懸命勉強したり、運動したりするつもりです。
(b) 7月はアルバイトをしてお金を貯めて、8月はヨーロッパに旅行に行くつもりです。
② (a)大学を休学して､アルバイトをしてお金を貯めながら、専攻の勉強をするつもりです。
(b)ディベートサークルに入って一生懸命練習して、11月の大会に参加するつもりです。
③ (a)日本に就職して、5年後に大学院に入学するつもりです。
(b)海外に就職して、10年後に韓国に帰国して、自分の会社を作るつもりです。

07 ① 歌うことができますか / 노래 제목 / 歌うことができます

② 話すことができますか / できます

③ 読むことができますか / し / し / 読むことはできません

④ できますか / できます / くて / できません

⑤ 打つことができますか / 打つことができます / できます

응용연습 1

01 ① 使わないで ② 出ないで ③ 持って帰らないで ④ 置かないで ⑤ しないで

02 ① 全員一緒に行動してください。絶対に一人で行動しないでください。

② 試験は5時半までです。絶対に途中で抜けないでください。

03 정답 예 생략

응용연습 2

01 정답 예 생략

02 ① 行きます ② します ③ です ④ できます ⑤ できます ⑥ みたいです

⑦ です ⑧ みたいです ⑨ 行きたいです ⑩ できます ⑪ できます

⑫ できません ⑬ できません ⑭ できます ⑮ みたいです

03 정답 예 생략

기초탄탄 일본어

1판 1쇄 인쇄 | 2026년 1월 6일

저　　자　이은미 · 사토 요코
펴 낸 이　임연수
펴 낸 곳　명지대학교 출판부
주　　소　03674 서울특별시 서대문구 거북골로 34
전　　화　02-300-1740

I S B N　978-89-7335-994-3 (93730)
정　　가　18,000원